天下文化
BELIEVE IN READING

成為世界相信的力量

吳錦勳、錢麗安、吳秀樺、
郭瓊俐、傅瑋瓊、邵冰如——

著

目 錄 Contents

序

成為世界相信的力量

蘇慧貞 國立成功大學校長

2021 年是成功大學創校九十週年。

一所九十歲的大學,對社會的意義是什麼?九十年來,我們成就了什麼?下一個九十年,成大要往哪裡去?

我可以很驕傲的說——成功大學要成為世界相信的力量。這也是成大在九十週年的今天要回饋給社會的「生日禮物」。

與台灣同行

1931 年元月,台灣總督府發布第一號令,宣布設立台南高等工業學校。這所學校即是成大的前身,也是台灣於大航海時代進入全球視野四百年以來,最早設立的高等工業教育學府,負有為台灣培養工業人才的時代使命。

2021 年,英國《泰晤士報高等教育》(*Times Higher Education*)世界大學影響力總排名,成大名列台灣第一。

在時代的遞嬗中,在世代的交疊中,九十年來台灣不斷前進、翻轉的社會轉型歷程中,成大人一路積極、全力奉獻。

光復初期,孫運璿先生帶領團隊,創下用五個月恢復全台 80% 供電的奇蹟,讓台灣從戰爭轟炸後的千瘡百孔中迅速站起來,這其中成大人的影像鮮明。當時還在學的二年級以上電機科、機械科學生,早上到現場參與電力工程,發現困難,下午回到教室繼續學習解決問題,然後再回現場驗證,以實作方式,修復了一座座的電廠。

此外，無論是與基隆港務局合作，開創我國水工模型試驗第一個成功事例，或是協助大甲溪流域的測繪，以為該流域系列電廠的建置奠基，以及發展國內大學獨一無二的航太科技實驗場——航空太空科技研究中心，又或者是台灣鐵路工程、高速公路、高速鐵路等國家重大建設，成大培育的人才無役不與，前仆後繼。近年來更在 2015 年登革熱疫情、2016 年台南地震、2020 年新冠肺炎對台灣造成衝擊時，在許許多多看得見與看不見的關鍵時刻，成大人一路以來始終與台灣同行，挺身而出，勇於承擔。

樸實無華、藏行顯光

展讀本書中一位位成大人的生命經驗，看到的正是一代代成大人的奮進縮影。每一位都是台灣百年發展軸線上的典範座標，描繪出大時代的悠遠景深。

雖然他們的人生獨一無二，無法複製，但在時代的輪轉中，他們所凝鍊出的價值，卻是值得每個人終身追尋。

包括與時俱進、播種、膽識、永續、眼光、志氣、看得遠、創新、承擔、共好共贏、守護，以及掌握時代的脈動，成為一名造局者，或者要求自己無論環境如何變化，始終堅持要做一個點燈的人。這些價值，不僅定義了成大人的生命內涵，更立體展現了成大人樸實無華、藏行顯光的精神，標誌出時空中的縱深與向度。

這樣的價值和使命，如果深刻留存在每一個畢業生的心中，那麼各個方位、角落出現的成大人就是社會中有意義的存在。

是從心底願意承擔、想要有所改變，才得以想像未來；是自肺腑願意負責、想要有所貢獻，才能夠成就目標，帶來影響。回顧過去、凝視現在與望向未來，成大將持續且積極回應所被給予的機會與獲得的支持，不斷努力成為讓城市感動、國家驕傲、世界相信的力量。

與時俱進──

建築師 高而潘

建築
一定要適合於那個時代

成立已三十八年的台北市立美術館，不僅是台灣最早成立的現代美術館，標誌著寶島「美術館時代」的起始，其秀異的現代建築風格，也成為台灣現代建築耀眼的里程碑。

這來自贏得當年競圖的建築師高而潘，勇於打破常規與流行。

他之所以能夠走出獨排眾議的現代建築之路，完全拜二十世紀現代建築大師柯比意（Le Corbusier, 1887~1965）的建築觀所賜。

撰文／錢麗安　　攝影／羅挺倬
圖片提供／高而潘

走進建築師高而潘的家，從客廳綿延至書房，浩瀚、秩序井然的書牆，讓人印象深刻；今年九十四歲的高而潘，精神矍鑠的從書櫃上抽出一本泛黃斑駁到幾近解體的書，笑瞇瞇的說，這就是當年啟發他，進而引領、建立建築觀，並終身奉行不渝、思索不輟的書——建築巨擘柯比意的著作《闡明》日文版。

沒喝過洋墨水，卻透過嫻熟的日語，輾轉打開通往世界建築之窗；並藉由貝聿銘與王大閎訪台，以及短暫到日本實習的進修機會，親炙各建築大師言行，從中獲取啟發。

高而潘交出一件又一件膾炙人口的秀異建築作品：從簡單大器的胡適墓園、台北市立銀行總行（現為台北富邦銀行中山分行）突破性的廣場退縮設計、華視大樓的流動空間規劃，到被譽為台灣第一個有機建築的台北市立美術館等等，為當代台灣建築留下現代而多樣化的風貌。

奠下終身以柯比意為師的建築追求

高而潘出身於台北迪化街世家，祖父高地龍從學徒到經營布莊，父親高樹發更遠征中國大陸經營交通事業，優渥的家境讓十二個兄弟姊妹均就讀專給日本人讀的「小學校」，唯獨高而潘在入學口試時，面對「誰是世界上最偉大的人」提問，回答「父親」，非標準答案「日本天皇」而未獲錄取，只能讀「公學校」。

考上台灣省立台南工業專科學校後，一度想轉系，卻因老是錯過轉學考而作罷。二二八事件爆發，他一度被迫中斷課業北返避難，家中經濟亦因此受牽連，開始走下坡。

日籍老師因戰敗返回日本，取而代之的是帶著各省口音的中國大陸籍老師，加上兵馬倥傯之際，教學資料十分有限，僅有少數教學資料與日籍老師所留下的書籍可讀。

高而潘（右）年輕時曾在日本佐藤武夫建築師事務所研習。

貝聿銘（圖中著西裝打領帶者）與高而潘（後排右一）。

台南是個既舒適又適合生活的地方，高而潘每天中午下課後，就和同學悠閒晃回宿舍讀書，或是跑到地攤、舊書店，看看有無建築類書籍可看。

此一時期，有兩位老師對高而潘的建築之路產生關鍵性作用。大一下學期，來自中國大陸的金長銘到任，開始引入現代建築的新觀念與西方重要建築師，如：柯比意、密斯（Mies van der Rohe）、萊特（Frank Lloyd Wright）、葛羅培斯（Walter Gropius）等人的思

想，打開高而潘的視野；金長銘不厭其煩的帶著學生一起討論草圖、從中引導學生思考的教學方式，更對高而潘影響至深，成為日後他在淡江大學教書時奉行的準則。另一位溫文華老師則推薦他讀柯比意寫的《闡明》日文版，書中透過不同面向的提問，深刻討論、自省建築師在當代社會的角色與責任，並從社會變遷中反覆思辨、尋求建築的未來性。

這種不流於表面形式，兼具社會發展與趨勢性的觀點，讓高而潘大受震撼，重新思索建築在當代的意義，以及從社會發展脈絡來理解、研究現代建築與社會的關聯，進而建構出建築在當代的意義與價值，奠下他終身以柯比意為師的建築追求。

第一手向貝聿銘、王大閎學習

帶著對柯比意的崇敬，高而潘計劃出國深造，但家道中落的現實問題，迫使他改以留任助教來爭取出國機會。沒想到擔任助教期間，正逢兩位在世界建築舞台上初露光芒的新星——王大閎與貝聿銘相繼來台，帶來的嶄新觀念與做法，讓高而潘不必出國，就能一睹世界級建築新知。

此外，美國新聞處送給成大一批建築雜誌，對渴求新知的高而潘來說如降甘霖，他將雜誌內容記在腦海裡，不但對於助教工作有很大助

益，自己也受惠。高而潘說，自己是以最後一名考進成大建築系，卻是以第一名畢業，他以此勉勵後進，用功讀書會帶來自己意想不到的好處。

1953 年，高而潘從葉樹源教授處得知，日後負責規劃國父紀念館的建築師王大閎剛落腳台北，便興沖沖的拿著介紹信，到王大閎的建國南路自宅拜訪。「結果洋相百出，」高而潘不好意思的笑說，他簡直像個蹩腳的銷售員，帶著學校學到的皮毛知識，像核對型錄般，在王大閎宅邸逐一核對檢視，遇到和學校所學不同便不斷詢問。像是落地窗怎麼沒有設計門檻，經王大閎解說才知道門檻的設置乃源於中國大陸北方寒冷之故，台灣氣候較熱自然就不需要。

雖說鬧了笑話，但這次拜訪讓高而潘第一次真正了解，建築師如何把原鄉的空間經驗結合西方現代建築觀，融混出屬於當代的創新建築語彙，以及看似簡單的材料所創造出的典雅、簡潔意境的力量。這個讓高而潘「參觀完之後，興奮得三天睡不著覺」的建築，不僅讓他再三回訪，日後更成為成大建築系學生必訪的經典案例。

建築也能有機成長

隔年，年方三十八歲卻已在西方建築界嶄露頭角的貝聿銘，受東海大學之邀來台為校園做整體規劃，台灣省立工學院（成大前身）藉此

機會邀他演講，由高而潘負責接待。演講時，貝聿銘以當時的新作品 Helix Tower 來闡明如何透過建築因應社會需求，做彈性調整。這棟內部空間為連續不斷的螺旋式建築，上下左右均可打通，讓購買者可因家庭成員的增減，買下左右打通，待子女離巢又能輕鬆賣掉。

高而潘特製的曾祖母塑像，提醒後輩，不要忘記家中有老人家在等待享受天倫之樂。

這棟「有機成長」概念的建築最終雖受限於美國消防法規，不被保險公司認可而胎死腹中，但這種「著重社會未來變遷更甚於形式」的概念，從此深植於高而潘心中。

三十幾年後，高而潘在台北市立美術館的競圖中，就從柯比意1939年的永續生長博物館管狀螺旋形體，與貝聿銘的螺旋式建築汲取靈感，以創新的有機成長設計圖一舉奪標。而這種有機、永續性概念，更與今日聯合國永續發展目標（SDGs）不謀而合。

參與國立故宮博物院競圖

高而潘想留學的夢想，隨著成家生子後愈來愈遙不可及。最終，在北返探視病危的曾祖母後，決定離開教職，先後任職於知名的大陸工程與基泰工程司。

在大陸工程期間，高而潘意外的又與貝聿銘重逢，原來是貝聿銘認為，先前協助他執行東海大學規劃的建築師未能理解、傳達他的理念，故又聘台灣戰後建築史上的傳奇建築師張肇康來台主導，並請嫻熟他設計理念的高而潘協助，共同繪製東海大學學生宿舍。

高而潘說，在與張肇康的互動中，更進一步了解如何以簡單、普通的材料做出最好的新建築，而張肇康重視細節設計，以及把中國建築精

位於北投的月裡山莊，男女湯池的曲面屋頂，1981 年完工至今，仍顯得前衛。

神運用在現代建築的嘗試，也影響他日後甚深。

1957 年，高而潘進入基泰工程司，由關頌聲於 1920 年在天津創辦，是近代華人創辦的最大建築事務所。關頌聲十分賞識高而潘，高而潘也開始主導設計方向，累積出大量公共工程的規劃經驗，甚至曾參與國立故宮博物院的競圖，可惜最終因關頌聲過世而中止。

在基泰工作時，日本在東京舉辦世界設計會議，參與者包括歐美重要建築師如美國建築師路易‧康（Louis Kahn）、保羅‧魯道夫（Paul Rudolph），以及全世界設計領域重要人士。也受邀與會的高而潘自

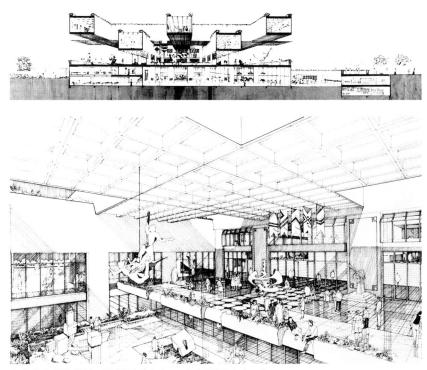

台北市立美術館剖面透視圖（上）、中庭透視圖（下）。

然不想放過這次機會，更在會議結束後，多停留了四個月，先後到日本建築師佐藤武夫與前川國男的事務所實習。

這個短暫的「留學」之旅，不僅讓高而潘迄今津津樂道，與兩位重量級日本建築師的朝夕相處，更讓他如沐春風，對前輩的專業與提攜後進的風範感受深刻，影響他日後自行開業時，與同事、同業、業主們相處融洽，許多跟隨超過二十年的員工迄今依舊保持聯絡。

著眼於建築與社會的關係，而非形式

隨著關頌聲過世，高而潘於 1966 年獨立創業，正式開啟他以柯比意為師的實踐之路。為何獨鍾柯比意？高而潘說了一個故事。

當年初讀《闡明》時，有一段描述讓他印象深刻：柯比意描述搭乘郵輪時，觀察船上工作人員各司其職，絲毫不浪費勞力且更有效率，留下深刻印象，日後將此運用於建築設計上。「這跟我家很像，我們是大家族，分工一定要精細，如果一個人要做多種工作，一定會筋疲力竭又沒有效率，」高而潘說。柯比意不重形式，而將建築著眼於與社會的關係，透過建築解決當下的社會問題，剛好與他觀察到的台灣現狀契合。

國民政府遷台後數十年間，大型公共建築幾乎都還停留在所謂的「宮殿式」風格中，屋頂像戴了頂帽子，「但那時候我們明明很窮，是一

高而潘的珍藏——孫子手繪的高而潘。

塊錢要當三塊錢用的時代，有帽子的建築不僅造價昂貴，而且柯比意說那叫作 style，不是建築，建築一定要適合於那個時代，我只是很誠實的照老師教的來做。」

這樣的態度，逐一反映在高而潘創業後的建築作品中，像是他參與的華江新社區便大膽採用柯比意概念，將連結社區的天橋規劃在二樓，地下室建立人行通道，並以人車分離形式，避免交通的衝擊，又能保有社區各棟間既獨立又連結的樣貌。時至今日，這樣的規劃已屬平常，但在 1970 年代末可謂開創之作。

高而潘最得意的作品，要算是中山北路上的台北市立銀行總行（現為

台北富邦銀行中山分行）。當時中山北路高樓林立，寸土寸金，但高而潘認為，既是公眾建築，就該有一個空間可以讓所有人共享，這樣的觀念在當時的歐洲已蔚然成風，但在台灣則仍屬新創；加上先前的澳洲之行，高而潘看到雪梨（Sydney）規定銀行在下班後，外牆仍按規定打燈直到晚上九點，讓市容不因銀行下班熄燈而顯蕭條，也兼顧整體社會環境的安全。

因此高而潘在設計圖中，大膽的將建築體往內退縮，留下一方廣場，輔以植栽、燈光設計，讓民眾即使在銀行下班後依舊能在此空間自由行動，不致成為都會死角；此外，他也在充分了解銀行各項機能後，重新設計櫃檯，創造出最多櫃位數與功能，最終在諸多知名建築師競圖中脫穎而出。

讓業主覺得，不做會遺憾

「我們事務所參加競圖，會抱持一種想法：與其設計毫無特色的得獎，不如讓人讚嘆的落選，」高而潘豪氣干雲的說。在設計與競圖的過程中，儘管事務所同仁難免吵架或爭辯，最終都能以和諧完美收尾，高而潘很感謝同事們一起建立起如家人般的情感基礎。

台北市立銀行總行競圖的成功，也開啟他競圖的興趣，即使投入的時間、心力與金錢都不敷成本也義無反顧，「要讓業主們覺得，沒有給

我做會是一大遺憾，」高而潘笑說。爾後的華視大樓、台北市立美術館、艋舺龍山寺廟所地下化與東側廂房改建等，都在這樣的概念下，透過不斷與業主溝通、迂迴折衝下逐一實踐。

北美館競圖勝出，成為台灣現代建築里程碑

其中，最經典、最常被拿來做為台灣當代建築典範的作品，當屬台北市立美術館。1980 年代末期，台灣的建築仍不脫兩大類型，不是日本時代留下來的殖民風格建築，就是國民政府來台後的宮殿式建築。台北市立美術館的出現，被視為是台灣現代建築的里程碑；即使過了三十餘年後，仍被視為「潮」建築。

當時北美館的競圖條件，一是要能表達中華文化精神與創新獨特、高雅大方的風格，其次則要有效運用現代工程技術，講求結構、機能、造形合一表現。其中的創新與工程技術，對高而潘都不構成問題，但如何表達中華文化精神，就費思量了。

不想採大帽子屋頂、琉璃瓦這種刻板印象，高而潘改從抽象的文化著手，加上偶然間看到紗窗上的格狀紋激發靈感，設計出以管狀堆疊出立體方形格狀結構，隱喻中華文化裡特有的斗拱、榫接工藝，以及傳統合院空間型態；內部則以柯比意的管狀螺旋形體，架構出開闊、輕盈又兼具現代感的中庭意象。

從 1954 年投身建築實作舞台到二十世紀末，近四十年的職業生涯，高而潘笑說「沒賺到大錢，但好快樂。」因為自己很幸運，被命運留在台灣，完整經歷台灣從經濟起飛大型公共建設時期，與「台灣錢淹腳目」時期商品化的建築黑暗期，而且都能透過與業主良好的溝通，往自己的建築夢想靠攏。高而潘有感而發的說，「好的作品，需要好的業主。」

面對更快速發展的現代，高而潘語重心長的呼籲，不要一味的將國際競圖視為進步的唯一象徵，不如提供機會給台灣的建築師有更多發揮的空間。他也期許有志於建築的年輕後輩，不管是否出國讀書，都要打開感官好好感受當下的社會環境，而非把國外所學的移植回來照做就好，「時代在變，我後來的設計與早期的又不一樣，我也是跟著時代在走。」

高而潘說，他經歷的是從三輪車轉成計程車的時代，現代的年輕人面對的是更快速的科技時代，一定要仔細體察社會脈動、靈活運用，才能設計出符合當代需求甚至帶出未來趨勢的建築。

高而潘不僅氣色紅潤，說起話來更是妙語如珠，簡直就像個大頑童。問他是否真的對當年無法一圓出國進修夢釋懷，他大笑說，正因為有遺憾，所以後來「好幸運的」透過長達三、四十天的國外建築之旅，彌補回來了。

播種

華立集團總裁 張瑞欽

找出台灣的需要

「材料業界航空母艦」，是外界用以形容華立集團的美名。

舉凡引進複合材料（如玻璃纖維、強化塑膠）、工程塑膠原料，以及走在台灣半導體產業發展之初，取得去光阻劑的代理權等等，將新穎的材料和技術帶進國內，對於促進台灣產業的發展與轉型，華立功不可沒。

撰文／吳秀樺　　攝影／羅挺倬
圖片提供／張瑞欽、華立集團

二十五週年紀念酒會・經濟部　江部長冠會致詞（1993.10）

走進張瑞欽的辦公室，窗邊的擺設，令人彷彿置身小型聯合國。來自日本、韓國、俄羅斯等世界各地合作夥伴的感謝牌、紀念牌、掛匾，琳琅滿目，甚至還有一尊張瑞欽的半身黑色塑像，是遠從新加坡來的贈禮。

細數華立集團的合作夥伴，遍布海內外，除了日本前十大的化學企業供應商之外，從台積電到鴻海，國內有超過兩千多家電子廠，都是華立的客戶。

五十三年來，秉持著「找出台灣需要的」創業初心，創辦人張瑞欽以代理化學品起家，今日已成為橫跨半導體、光電、綠能與工業材料、工程塑膠、印刷電路板材料與設備等領域，員工高達四千餘人的集團，在台灣產業轉型的過程裡，扮演重要的推手角色，支撐台灣重點產業的發展。

1968 年，張瑞欽離開任職滿十年的中油，放棄公營事業鐵飯碗與大好前景，以集資而來的五十萬元，在高雄一間舊公寓成立華立企業。「這不是冒險一搏，而是我身上有著商業 DNA，」張瑞欽感性的說。

有了創業的念頭後，張瑞欽心想：「自己是學化學工程的人，想要開設貿易公司，雖然有技術在身，但市場不知道在哪裡？」適巧，日本的長瀨產業會社打算將合成樹脂原材料賣進台灣，於是，在成大同學林知海（現為德亞樹脂董事長）的介紹下，雙方的合作就成為華立的

創業起點。

想從事民生行業，選擇化工系

張瑞欽出生於 1935 年的南投郡（現在的南投縣），家中經營大型碾米廠。日治時期的南投只有三家碾米廠，除了農會自營，其他兩家都是張家所經營。

由於施行稻米管制，一般農民不能擁有稻穀，當地人收割後的稻穀，不是送往農會加工就是運到張瑞欽家的碾米廠，將原糧除去雜質加工碾成精米。他還記得，當時的技術不是很先進，吃飯時常常要停下來，從口中吐出小碎石。

然而，由於父親在國民政府遷台前就往生，再加上稻穀開放私有化，農民不再需要大型碾米廠進行加工，於是叔父將碾米廠的生意改變為經營販賣樹薯粉。由於樹薯粉是紡織廠在上漿時的重要材料，用來硬化和保護紗線，當時有許多來自上海的紡織業者來台大量採購，讓叔父的生意十分興隆。

1949 年時局不穩，國民政府大量印製鈔票因應，導致貨幣大貶值，四萬元舊台幣僅能換到一元新台幣，加上三七五減租，種種政策導致張家經濟拮据。

為了省住宿費，上初中後的張瑞欽，只能每天清晨五點出門，趕早搭車前往台中上課，最後在母親省吃儉用及叔父的資助下，才能進入大學就讀。

台中一中畢業後，張瑞欽以第一志願錄取了台灣省立工學院（成大的前身）化工系。由於祖父與父親經營碾米廠的緣故，從小耳濡目染，張瑞欽日後也想要從事與民生相關的行業，因此選擇了化工系。

老師引薦先後進台糖、中油任職

初進成大，第一眼看到學長們手上拿著厚厚的原文書，在人群中神氣的走著，張瑞欽非常羨慕。這些原文書，是直接從美國飄洋過海而來，在當時彌足珍貴。

原來，美國普渡大學（Purdue University）與成大合作，派遣以徐立夫（R. Norris Shreve）教授為首的教授團擔任顧問，徐立夫也擔任化工系教授，他所採用的普通化學課本是哈佛大學教授所撰，台灣省立工學院與普渡大學學生使用相同的原文書，所有的學習與普渡大學學生同步。

若要深入懂得課文內容，上課前一定要花時間查字典。學生們因此養成扎實的英文能力，以及在當時難能可貴的國際視野，張瑞欽自然也

由於曾在中油任職，張瑞欽在創業後銷售各種石化產品時，更加得心應手。

不例外。

除了必修課的基本功，從三年級開始的選修課，讓張瑞欽獲益良多。
當時成大首開先例，廣邀企業界主管或海外專家前來授課，讓學生可
以早一步將課本學到的理論與實際運用接軌，增加寶貴的實務經驗，
畢業後投入職場就能學以致用。

以石油煉製相關課程為例，由時任中油高雄煉油廠技術組組長費自圻

派出不同領域的專家來授課,並安排同學參觀高雄煉油廠,從實務中印證所學,不少同學畢業後第一志願就是要到中油工作。

而時任台灣糖業試驗所(現為台糖公司研究所)的發酵化學系系主任白漢熙,則是讓學生從微生物的分類和細菌的培養、分離、選菌種到工業化,做有系統的傳授,並且帶領學生參觀新營酵母廠,直接體驗學術理論與生產實際運用的連結。讓學生由發酵化學的啟蒙到生化,這些基本功對於之後赴美留學的同學們更有直接的助益。

華立創辦時,張瑞欽夫婦(右一及右二)與日方長瀨公司人員合影。

1960 年代，台灣仍處在工業發展初期，沒有太多民營企業，大學生畢業多半往台糖、台鹽與中油等公營企業就職。張瑞欽說，拜這些課程所賜，當年班上畢業的同學，就有二十一位考進中油工作。

張瑞欽則由白漢熙引薦，進入台灣糖業試驗所擔任臨時研究員，隨後又在費自圻的介紹下，轉往中油高雄煉油廠任職。

為「代理商」角色加值

在中油當工程師十年，不僅學到煉油的操作，了解石化產業的完整流程，加上在中油所培養的人脈，讓他在創業後銷售各種石化產品時，更加得心應手。

華立代理長瀨產業會社的產品順利的起步了，第一個客戶是長興化工。然而，工作內容由負責技術的中油工程師，變成單純向客戶報價、賺取佣金的代理商，張瑞欽心裡總覺得不踏實，因為很容易被取代。1970 年，透過長瀨產業會社的介紹，張瑞欽接觸到日本 Asahi Fiber Glass 公司的玻璃纖維與強化塑膠（FRP）產品，對方正好要開發台灣市場。華立於是成立複合材料部，以進口玻璃纖維與日本觸媒化學的聚酯樹脂銷售業務為主。

供給端準備好了，需求端卻還沒有開發出來。

FRP 這類複合材料對國內業者是陌生的，大概只有遊艇組裝業者知道那是什麼。張瑞欽在拿著樣本一家家拜訪客戶時，不厭其煩的連帶教學指導，甚至代為蒐集國外資訊，協助遊艇業者從原本的組裝船體，升級到設計與製造。

這麼做的同時，張瑞欽已不是單純的代理商了，華立所提供的服務，除了扮演原料通路商的角色更包括技術指導，還能夠協助產業轉型。

這不但成為華立的特色，後來在 1972 年引進工程塑膠原料，以及 1981 年引進去光阻劑等等，也都循此模式，對於塑膠射出廠和半導體業的發展有相當大的助力，成為台灣產業轉型的推手。其中，由於張瑞欽對複合材料的引進及發展廣受肯定，還曾擔任台灣複合材料協會理事長。

樂當合作者

由祖父傳下來的碾米廠，因為環境與政策的變革，張家一夕之間失去所有，讓張瑞欽深刻體悟到：「經商一定要發揮最大價值化。」

經營過程中，張瑞欽看到很多代理倒閉的原因，並不是經營不善，「而是做得太好了。」往往原廠見到代理商的利潤大，馬上回收代理權自己做，代理商的努力瞬間化為泡影。他也深知，殺價競爭搶奪市

2006 年，《遠見雜誌》頒發企業社會責任獎，張瑞欽（右二）代表華立領獎。

2018 年，華立公司創立五十週年，張瑞欽（左七）率領團隊邁向下一個五十年。

場、汰弱留強是市場躲不掉的法則,「光靠代理從事買賣,只能拚價格,利潤也會因為殺價競爭被侵蝕,這是很大致命傷。」

因此,事業若想經營長久,一定要提高自己的價值,不然很快就會被取代。如同家中的碾米廠,後來轉做樹薯粉生意,不能只有產品,而是要做到全方位才有競爭力,就像樹薯洗出來的粉,品質好的用來做麥芽糖,次級的供工業用,最後的殘渣用來養豬,每一個部位,都創造出價值。

此外,樂於分享也是張瑞欽的一大特質。華立迄今仍與第一筆生意的客戶—長興化工,保持生意往來。第一個合作的代理產品方—長瀨產業會社,雙方在 1989 年時合資成立長華電材公司,後來在 1997 年,也與旭化成公司合資成立華旭科技公司。藉由合資的模式,華立不僅與供應商的關係更加密切,也顯示張瑞欽是一位始終抱持著開放心態,能夠容納不同想法和立場的合作者。

誠信經營事業本來就不容易,功成名就後能保有創業時的初衷,秉持與人共享及共體時艱的原則更是困難。

但即使在石油危機與金融風暴期間,張瑞欽依然能夠做到「雨天不收傘」,不刻意囤貨以抬高價格,仍如期供應材料,與客戶一同度過難關的做法,也為自己爭取到更多的商機和客源。他笑著說:「成功不必在我,客戶的成功,就是華立的成功。」

更難得的是，無論景氣榮枯，華立成立五十三年以來，每年都有一定的獲利。透過投入不同的事業、跨領域跨產業，搭配廣大產品線，除了避免產業淡旺季與景氣循環影響，即使同業殺價競爭，靠著技術與服務，在競爭激烈的產業中，仍可維持一定的毛利。對此，張瑞欽自豪的說：「華立成立以來，都是靠著獲利盈餘再做投資，未再向原始股東增資，也沒有虧損過。」華立更創下連續二十四年發配股利給股東，是台灣上市公司少見的優良企業。

半世紀的習慣

每當有新的科技發展，華立總能抓住發展的契機，與趨勢同行。走進華立位於高雄的總公司，沒有華麗的裝潢，樸實的辦公環境卻藏著對產業趨勢的領先掌握，以及永不熄滅的研究熱情。

即使已高齡八十六歲，張瑞欽依然忙碌著。才剛結束視訊會議，桌上還有一篇關於再生醫學的剪報，這是華立集團未來要投入生醫發展的方向之一。

雖然早在 2016 年就已經交棒給兒子，但張瑞欽仍對新知有著無窮的渴求，每日閱讀報紙與雜誌，從中吸取最新知識，以做為未來投資與發展的方向，並提供客戶建議。這是張瑞欽的日常，也是半世紀以來的習慣。

張瑞欽樂當合作者,在他人的眼中,也如同一位
播種者,促進社會進步繁榮。

這更是華立從一家小化學品代理商,成為營收破千億的全方位電子材
料通路集團的關鍵。這個習慣,來自當年在成大就讀時,由美國杜邦
(Du Pont)借調回台,開設合成纖維課程的方振聲教授。張瑞欽說:
「當年方老師將國外《Chemical Engineering》雜誌最新發表的製
程,一一介紹給我們,讓一向從教科書學習的我們,視野一下子就豁

然打開，並且學習到如何主動求知與蒐集資料。」

每當有新的技術發表，張瑞欽總能靠著閱讀報章雜誌，第一手獲取新知，從中看見新的商機，並且適時提供客戶建議，讓華立在競爭激烈的商場中獲得客戶的信賴，共同打造雙贏的局面。

繼續為台灣下一階段貢獻心力

過去五十年，產業不斷在演進，張瑞欽與華立見證了台灣產業發展史，過往經濟發展時的高耗能產業已經不再符合所需，基於永續發展與社會責任，張瑞欽看到台灣現階段所需要的是綠能、5G、半導體和與人口老化相關的生醫與長照等。他說，華立目前在再生能源如太陽能、風力發電儲能與電動車等布局已就定位，並持續投入，只要是「台灣需要的」產業，華立就要為下一階段的發展再貢獻心力。

「找出台灣需要的」，不僅是張瑞欽創業的初心，更是華立屹立半世紀、邁向未來的基石。

張瑞欽辦公室進門右手邊牆上，掛著一塊寫有「播種者」三個大字的匾額，是國際扶輪社所贈。金色的字體閃閃發光，有如黃澄澄的溫暖陽光。在那一片金黃色陽光下，彷彿看見張瑞欽彎著腰的身影，他正撒下一顆顆希望的種子，靜待未來開花、結果。

膽
識

台灣石化合成董事長 吳澄清

實踐知識份子的
責任與使命

一個人的力量，如何改變整個社會？

吳澄清在 1970 年代向時任行政院院長蔣經國提
出的汽油無鉛化建言，就是最佳的明證。

2000 年 1 月 1 日起，全國禁止販售含鉛汽油，
台灣從此邁向一個新時代。

撰文／吳秀樺　　攝影／羅挺倬
圖片提供／吳澄清、台灣石化合成

台灣石化合成位於台北市仁愛路的辦公室裡，有一幀掛在牆上的照片和獎牌。即使是白天，仍用一道投射燈映照著。

照片裡的吳澄清，穿著條紋西裝，正從時任行政院院長蔣經國手上接過一面獎牌；而這面獎牌，就在照片下方，是 1977 年獲頒的「傑出科技榮譽獎」，表彰吳澄清在主持台灣氯乙烯公司頭份廠廠務期間，達成外國承包廠商無法完成的技術上任務，增強國人自行設計建廠的信心，對國家經建貢獻甚巨。

吳澄清的成就，是修改頭份廠的生產系統，不但突破外國專家無法排除的瓶頸，更發現並解決設備上的問題，使該廠得以順利運作，產量還超過預估值，所花費用不到外國專家估計的一半，也帶動了石化工業的發展，並培養出一批相關專業人才。

1970 年代，台灣為了發展石化工業，由經濟部發起，聯合中油、台鹼、台塑、華夏、國泰、義芳等六家公民營企業集資成立台灣氯乙烯公司，用以生產製造氯乙烯單體（VCM），以供應國內產製聚氯乙烯（PVC）及其加工業所需原料。當時，受邀接下這個任務的吳澄清，是國立台灣大學化工系教授；成功克服這個挑戰後，他受聘為台灣氯乙烯公司總經理，生涯出現大轉折，離開學界，自此投身石化產業數十年至今。

回憶這人生突如其來的變化，吳澄清說：「如果一直教書下來，現在

已經可以退休了。」

童年羨慕鄰居朝九晚五的生活

至今仍矗立在台中市中山路老街區的「丸山商行」，是一幢美麗的歷史建物，灰白素淨的外觀，愈經歲月淘洗，愈見出落雅緻，經過的路人，很難不停下來多看它幾眼。

丸山商行由吳澄清的父親吳松柏在日治時期創立，銷售布料與吳服（和服）。吳松柏創業有成，另設立富山紡織染整廠，在早年台灣紡織業有一席之地。吳澄清小學讀的是專供日本人子弟就讀的「小學校」，穿一般人穿不起的皮鞋上學，家境之富裕可見一斑。

吳松柏的九名子女都受到良好教育，包括吳澄清在內，一家就出了四個博士。

半個世紀前，能拿到博士的高學歷是相當罕見的。儘管擁有東京大學工學博士學位，吳澄清仍自謙的說：「三個弟弟都是台大畢業、留學美國的博士，我是家中最不會念書的。」

吳澄清出生於 1936 年，父親原本希望身為長子的他，能夠讀商以繼承家業，但吳澄清一心只想到台紙（位於台中大肚）上班，過朝九晚

為表彰吳澄清在主持台灣氯乙烯公司頭份廠期間，對國家經濟建設貢獻甚巨，1977 年，時任行政院院長蔣經國（圖上照片中左）特頒發「傑出科技榮譽獎」（圖下）。

五的生活就好，因此考大學時刻意選擇工學院；沒想到這一讀，不但讀出了興趣，更造就他日後成為推動台灣無鉛汽油的第一人，在歷史上留名。

「家中紡織廠出貨時，兄弟們都要幫忙扛布匹，那些布是很重的；而且家中經營的商店都開到很晚，小時候的我，並不喜歡這樣的生活，」吳澄清當年看到在台紙工作的鄰居，每天固定時間上下班，相較於家中的忙碌，讓他欣羨不已。

吳澄清台中一中畢業那年，國民政府舉辦首屆大專聯合招生，1954 年有四所公立大學——國立台灣大學、台灣省立師範學院、台灣省立農學院，以及台灣省立工學院（成大前身），考上後直接分發。吳澄清如願考上台灣省立工學院，順利進入化工系就讀。

「在連高速公路都沒有的年代，要去台南只能搭火車。那時的火車還是燒煤炭的蒸汽火車，穿過山洞時，整張臉都被煤煙薰得黑黑的，」吳澄清回憶，當年從台中到台南，火車就要九個小時車程，「現在想起來，還是覺得十分不可思議。」

避商選讀工科，良師奠定一生基礎

進入化工系就讀後吳澄清才明白，原來化工與許多民生物品甚至自家

的紡織業，都有著密不可分的關係。

「過去紡織業所使用的紗線原料是棉花，但是碰到棉花歉收時，就沒有原料可用，讓紡織廠十分苦惱，」吳澄清在學習合成纖維相關課程時，發現用石化原料聚合而成的纖維，價格不但低廉，質地更輕便細緻，也不易皺摺，可以大量運用在紡織工業上，不必再因為棉花收成不佳而面臨棉紗短缺的窘境，讓吳澄清有如發現新大陸般欣喜。

成大四年的學習過程中，讓吳澄清記憶最深的是賴再得教授。賴再得是台南高等工業學校（成大前身）第一屆學生，更是第一代返校任教的畢業生，在成大與美國普渡大學的合作計畫中，亦是第一批前往普渡大學進修的學者。

賴再得教分析化學，有時台語、有時日語，再加上英文的解說，深入淺出的上課方式，讓學生記憶深刻。

被誤會的「討債」學生

在成大求學時，吳澄清最喜歡騎著腳踏車穿梭在校園中，看著火紅的鳳凰花開滿校園，或是騎到沙卡里巴吃小吃，到石精臼買肉粽，「台南的肉粽一顆都兩、三斤重，料多味美，」這些都是至今讓吳澄清十分懷念的時光。

台灣氯乙烯公司頭份廠重建時，時任副總統嚴家淦（左一）特地前往了解（圖中左四為吳澄清）。

有一次吳澄清騎著腳踏車經過校園，賴再德將他叫進教室，夾雜著台語和日語對他說，「君は討債」（你很奢侈與浪費），並且在黑板上寫著大大的「討債」（台語發音，揮霍浪費的意思）兩個字，意指他年紀輕輕就騎著昂貴的腳踏車，真的很奢侈。

原來，家中買了一輛「富士霸王號」讓吳澄清代步，這車款台灣並沒有生產，直接從日本進口，要價上千元；對比當時成大學生一個月的伙食費只要五十元，當然顯得十分奢侈。

但賴再得教授的嚴厲，其實是那個年代長輩獨有的關懷模式。即使已是半個世紀前的陳年往事，吳澄清笑著講出這段歷史，彷若自己仍是當年那個在教室內被賴老師責罵的年輕小夥子。

遇見李國鼎，人生大轉彎

畢業後，父親還是希望吳澄清繼承家業，或者當個包租公，收房租安穩過日子；但吳澄清想再出國深造，於是父親規定他，若要留學只能到日本，因為距離近，比較容易照顧家裡。

在資訊不發達的年代，吳澄清只知道日本有早稻田（Waseda）大學。早稻田有一位教授，是日本通產省（類似台灣經濟部）的官員，看出吳澄清的資質與潛力，推薦他到東京大學就讀，投入高分子科學的研究。

「東京大學是培養治理國家與企業各階層中堅人才的地方，」在東京大學看到日本傾國家之力，全力培育治國與企業人才的做法，為吳澄清開啟新的視野。再加上戰後的日本經濟進入高速成長期，申辦 1964年奧運、推動石化產業的政策，以及終身雇用制和嚴謹拚命的工作精神……，吳澄清正好躬逢其盛。

相較之下，台灣經濟發展的碎步而行，讓他憂心不已。

順利取得東京大學化學碩士、工學博士學位後，當時的台灣並沒有太多適合的工作機會，吳澄清原本想到美國加州妹婿工作的學校教書，卻在友人引薦下，遇到為了興建台中港而前往日本尋找資金的時任經濟部部長李國鼎。

李國鼎得知吳澄清想到國外教書，一句：「你何必要為人作嫁，為什麼不回來台灣，為台灣培養更多的人才？」觸動了吳澄清加入國科會海外人才返國服務相關計畫，進入台大化工系，教授高分子科學。

在台大，吳澄清遇到成大時的老師閻振興教授。恩師變成同事，吳澄清仍不改習慣喊閻振興為「老師」，但閻振興卻說：「現在我們是同事，不要再叫我老師了。」兩人的師生緣，正應驗了台灣俗語「有狀元學生，無狀元先生」（台語）的說法。

大膽建言

許多歐美國家在 1970 年代中期，就已經禁止使用含鉛燃料，日本更是世界上最早禁用含鉛汽油的國家。要降低大氣汙染，並減少鉛中毒對人體造成的問題，尤其是對兒童腦部發展與智力的危害，就得從使用無鉛汽油開始。

從日本留學返台的吳澄清，大膽向當時的行政院院長蔣經國提出建

言，應該禁止含鉛燃料的使用，「要反共大陸需要有強壯健康的人才，鉛中毒讓小孩都變笨了，怎麼反共大陸？」這些話蔣經國聽進去了，因此開始著手導入汽油無鉛化的計畫，吳澄清進而成為台灣無鉛汽油的推手。

第二次石油危機之後，由於台灣缺乏資源，同時為讓人才有所發揮，由中石化與國民黨光華投資，在1982年聯合成立台灣石化合成公司，吳澄清擔任負責人。台灣石化合成公司是以技術為導向，並投資興建了亞太地區第一座甲基第三丁基醚工廠（MTBE），以加速台灣推動汽油無鉛化的進程，致力改善環境和空氣品質。

甲基第三丁基醚是一種高辛烷值化學品，由台灣石化合成公司自主研發，是安全性較高的無鉛汽油添加劑，加在汽油中同樣可防止汽車引擎震爆，但卻沒有鉛對環境的汙染性與致癌性。

為了讓社會提早因應無鉛汽油的使用，政府設定目標，2000年時全面停售含鉛的高級汽油，正式邁向無鉛汽油的年代；並設定長達十年的調整期，提前規定1990年7月1日之後，新出廠汽車一律使用無鉛汽油。

提起這段由於自己大膽建言獲得採納，而對國人健康和大氣環境做出貢獻的經歷，總是讓吳澄清笑得開懷。眼中的熠熠光彩，有著身為知識份子要為國家與土地貢獻一己之長的責任與使命。吳澄清說：「做

事業是要對社會有所貢獻，不只是為了賺錢，總是要做一些事可以改變台灣，也要為下一代做些事情，讓根可以留在台灣。」

石化高值化，應對新的能源產業交替

石化產品與民生用品息息相關，是紡織、建築、汽車、電子等產業的主要材料，更是所有工業的基本，深知石化產業對經濟發展重要性的吳澄清，為推動台灣石化業發展更是不遺餘力。

1989 年，吳澄清創辦合興石化工業，並陸續成立相關企業。如今從石化業上游到下游，台灣石化合成公司的事業版圖，已成為垂直整合完整的石化產業企業集團。

台灣石化合成公司的企業形象識別系統（CIS），就是以四個 C 所組成，分別代表創造（create）、挑戰（challenge）、合作（cooperate）與貢獻（contribute）。

吳澄清希望台灣石化合成的員工，能利用專業知識創造出新技術、生產新產品，並且不怕困難用新技術克服與挑戰，共同合作開創高值產品，並將成就與獲利回饋社會。

石化業一向被認為是高汙染行業，在新的能源產業交替中，「石化產

吳澄清致力推動「石化高值化」的理念,應對新的能源產業交替。對於石化業的未來,他還有很多想法與計畫,等待一一實現。

業未來發展無法複製過往生產大宗產品的模式,」吳澄清強調。

因此,他致力推動「石化高值化」的理念,要推動高附加價值、高技術門檻高、生命週期長,以及對環境友善性的高值石化產品,繼續做為台灣經濟產業的後盾。

現年已八十五歲的吳澄清,經常是仁愛路辦公室裡比別人早到、比員

工更晚下班的老闆，體力與意志力都讓員工折服。此外，他仍然繼續學習各種新知，天天看 NHK 與 CNN，以了解國際情勢。

「在資訊快速變化的時代裡，不能只有穩定與保守的想法，還是要與時俱進，抓緊世界的脈動，了解現狀，」吳澄清以爽朗的語氣說，「要維持踏實的作風，但也不能太保守，保守就不敢做冒險的事，會失掉很多開創的機會。」壯志滿懷，對於石化業的未來，吳澄清的心中還有很多想法與計畫，等待他一一實現。

永續 ——

台達電子創辦人暨榮譽董事長
鄭崇華

為下一代保留明天

1971 年,鄭崇華創立台達電子(以下簡稱台達)。國人自行設計開發成功的第一架電視機,內含台達的中周變壓器。

2003 年,台達的電源供應器市占率成為全球第一,全世界電腦電源超過一半是台達的產品。

2021 年,台達的電動車動力系統與關鍵零組件拿下全球前三大汽車製造集團的訂單。

五十年來,台達不僅在專業領域執全球牛耳,更是台灣投入綠建築的先驅與典範。

然而,創業原本並不在鄭崇華的人生計畫內。

撰文／傅瑋瓊
圖片提供／鄭崇華、台達電子

1970 年代初期，大同、聲寶等廠商開始生產電視機做內銷市場，大都是從日本進口全套零組件，在台灣組裝。電視機這才開始進入國人的家庭。

那時有一架 12 吋大小、型號為「12PC」的黑白電視機，不僅是由國人自行設計開發成功的第一架，而且五年內在海內外暢銷數百萬台，在世界各地的百貨公司都可看到。「12PC」就是鄭崇華初創台達時，和大同一起合作的經典之作。

從流亡學生到創業當老闆

1949 年，鄭崇華十三歲，因戰亂被迫離開父母和福建家鄉，跟隨已在台灣取得英文教職的三舅，就讀台中一中初中部二年級。

沒想到一年多後，三舅留下他孑然一身。和故鄉親人斷絕音訊的他，高中三年靠著當上宿舍伙食委員（伙委）免繳伙食費，在學校油印講義打工，賺取微薄的收入、申請獎學金，養活自己。

考大學時，他孤注一擲，唯一選填的志願，是甫設立的成大礦冶工程學系（現改名為資源工程學系）；老天為他打開機會之門，不但幸運考上，還遇到一位恩師：「教化學的賴再得老師，是改變我一生的人。」

「就算生病,我都要去聽賴老師的課,」鄭崇華說。原來,賴再得曾經到美國接受新式教學,因此為成大帶來自由開放的學習風潮,剛入學的鄭崇華成為受惠者。有一次,賴再得發下一份考卷,大部分學生只考 20、30 分,鄭崇華竟考了 88 分;後來,他才知道那是美國普渡大學碩士生的試卷。

鄭崇華求學時期的成大實習工廠。

「那時台南的電影院在哪裡，我都不知道，」鄭崇華終日埋首書本中。為了未來就業選擇出路較為寬廣，加上對電機很感興趣，大二時從礦冶系轉入電機系。

1961 年，鄭崇華考上亞洲航空，「當時月薪 2,199 元，加上加班費，月入三千元左右，是一般公司薪資的三、四倍。」他任職於儀器部門，每天一早六、七點出門，搭車到台南機場上班，直到深夜才回家；雖然辛苦，卻讓他有能力成家，在台灣落地生根。

1966 年，鄭崇華轉任美商精密電子公司（TRW），擔任產品經理，上下班有司機接送。然而，外商公司待遇雖高，但景氣不好時就會裁員，不利培養人才與企業文化，讓他備感失望；再加上當時政府設立全球首創的加工出口區模式，台灣成為美、日代工出口基地，這兩者一個是內心的推力、一個是外部環境的拉力，讓他萌生了一個念頭。

某休假日，他騎腳踏車要到公司加班，途中看到工廠招租的廣告，就租下新莊一間田埂旁的兩層樓民宅。房子租了之後一直閒置著，直到幾個月後，他才下定決心離開待了五年的 TRW，籌了三十萬元，走上創業之路。

在 TRW 時，他就曾與大同接洽，打算供應零組件給大同，後來因量小而作罷。創立台達後，正好大同開發「12PC」要找協力廠商，大同找上鄭崇華，一拍即合，雙方打了一場美好的仗。後來，台達也成

為聲寶、三洋、新力、將軍等國內電視零件供應商,再轉做間接外銷,供應 RCA、增你智等美商。

從電視轉進電腦領域

1970 年代末,個人電腦興起。處在技術方興未艾的時期,設計不良的電腦會產生電磁干擾問題,美國有些廠商曾因此被歐洲海關禁止進入歐洲市場。鄭崇華注意到這個國際訊息,特地買一台電腦回家測試。他發現,電腦的電磁波果然會讓電視出現雜訊。

由於台達的品質已做出口碑,在台灣設廠生產電腦和終端機的美國迪吉多(DEC)電腦公司這時找上鄭崇華,要開發電源雜訊濾波器(EMI Filter)。台達因產品不良率低,相繼攻占了迪吉多、全錄、IBM、王安等國際公司。

台達不但成為台灣第一家生產 EMI Filter 的廠商,直到今天,台達仍是全球極少數生產 EMI Filter 的廠商。

1980 年年初,鄭崇華到美國加州拜訪客戶,那是一家生產電源供應器的廠商。該公司總部大廳,陳列展示著全球各國安規認證的各式電源供應器,壯觀的場面激起了鄭崇華的鬥志。他告訴自己:「希望有一天,台達也能像他們一樣。」

電源供應器是所有電器用品必備的零件,降低變壓器能源損耗以節省電力,是業界多年來努力的目標。但傳統的線性電源供應器大多使用矽鋼片製造,又重又大,效率只有 50%,甚至更低。

領先研發生產交換式電源供應器

1980 年代初期,隨著個人電腦掀起潮流,各大電腦廠商為了減少重量、節省空間,並且解決散熱問題,紛紛轉型改用新技術,交換式電源產品成為新潮流。

那時,「電源供應器市場正在改朝換代,大家同在一個起跑點競爭,」鄭崇華也發現,在電源供應器市場,「每一家廠商的市場規模都是個位數。」這是市場的大好商機,促使他加緊研發腳步。

同時,個人電腦風潮也襲向台灣,資策會、新竹科學園區陸續成立;1983 年,台達成為台灣第一家研發生產交換式電源供應器的廠商。

台達生產的 EMI Filter,不良率只有當時世界最大廠商的十分之一,原本就有良好口碑,而新開發的交換式電源供應器,不僅輕薄短小,效率至少可達 60%之上,遠比業界還高。當台達到美國參加展覽時,在會場,許多曾用過台達 EMI Filter 的廠商不禁好奇:「這個 Delta(台達),就是製造 EMI Filter 的 Delta 嗎?」

2006 年，台達電子台南廠（上圖）是全台首座獲頒「黃金級綠建築」標章的綠色廠辦
（下圖右為鄭崇華）。

台達援助那瑪夏民權國小重建，以布農族太陽圖騰搭配屋頂太陽能板，將原民文化與科技完美融合。

個人電腦的趨勢來得又快又猛，「1983 年至 1988 年，五年間營業額成長九倍，」鄭崇華還記得當年的盛況。

台達抓住個人電腦市場起飛的機會，不出幾年，便成為電源供應器業界龍頭，包括國內的宏碁，國外的 IBM、NEC、EPSON、ITT 等知名大廠，都是大客戶，鼎盛時期曾擁有全球一半的市場。直到今天，在全球的電源供應器市場上，台達仍居世界級領導地位，在藍海稱霸

將近四十年。

獨排眾議，以研發投入環保

1970 至 1980 年代，外商紛紛來台設廠，工廠用電量大增，夏季經常停電，興建電廠的呼聲四起。但鄭崇華卻獨排眾議，「應該要更新、改善輸配電系統來提高效率，並鼓勵家庭用戶和工廠使用高效率的電氣設備，要比起興建電廠快又經濟，更容易達到節省電力的效益。」

電源產品在能量轉化過程中，轉換效率愈高、損耗愈小就愈節能，決心開發電源供應器時，鄭崇華一直自問：「從節能環保的角度，台達能做什麼？」

「以台達每年生產超過一億個電源供應器，只要轉換效率提高 1%，就能少蓋一座 30 萬千瓦的發電廠，減少大量二氧化碳的排放量，」他相信，即使只是 1% 的提升，只要堅持一步一步去做，就可以達到節能功效。

台達和全球最好的電力電子學術機構合作，設實驗室研究精進技術；每年投入全球營業額逾 8% 為研發經費，遠遠高於科技產業水準，並在全球廣設 75 座研發中心，培育近萬名研發人才，幾乎超過 50% 擁有碩博士學位，蓄積了強大的創新研發能量。

除了大量投入研發，台達同時擁有電源和散熱兩項關鍵技術，產品線完整，比起同業更容易設計出高轉換效率的產品。

為了強化品質，1986 年，台達用表面黏著方式設計交換式電源供應器，是全球創新技術，還因為「沒有前例」，光是取得認證就花了比別人更長的時間。

台達電源產品的效率都超過 90%，大幅領先業界，甚至開發出世界第一台 80 Plus 認證「鈦金級」伺服器電源，能源轉換效率 96%；另外像通訊電源效率達 98%、太陽能逆變器效率 99.2%，都是全世界最高的。技術團隊的實力，連鄭崇華都讚嘆不已。

取得 SONY 第一張海外「綠色夥伴」認證

在綠色環保、節能這一塊，台達走得別人早。「環保 節能 愛地球」是台達創立時就確立的理念，並不只是一句口號。早在製作電視零件時，就不做鍍鎳產品，製程不使用任何有毒物質，甚至，很多做法都走在法令規範之前。

2003 年，SONY 頒發全球第一張海外「綠色夥伴」認證給台達，就是對台達在環保努力的信賴和最大肯定。「SONY 是一間重視環保的公司，但我們送樣時並沒有特別強調這一塊，」鄭崇華說，SONY 後

來得知台達在環保方面的做法後，遊戲機電源幾乎都由台達供應。

原來，歐盟規定「有害物質限用指令」（RoHS）將於 2006 年上路實施，然而早在 2000 年，台達就把一條銲錫生產線改成無鉛銲錫；甚至在 2001 年，即於中國大陸吳江廠設立重金屬及毒性物質檢驗實驗室，堅定走向無鉛銲錫的路。但當時同業認為會提高生產成本，並不看好這樣的做法。

台達電子捐贈的成大綠色魔法學校，是台灣第一座零碳的綠建築。

「做生意最難的是，把產品賣到日本；假如能賣到日本，這樣的品質就可以在世界各地通行。」這是鄭崇華在商場多年的深刻感受。即使很多人都認為，環保錢不容易賺，他卻仍然堅信，「對社會、地球有益的事，最後一定能賺錢。」鄭崇華深信，開發製造對社會真正有價值的產品，才能贏得客戶信任。

已興建 29 座綠建築，往智慧城市出發

鄭崇華是福建建甌人，因為戰亂，五歲時隨著母親避居福建水吉鎮鄉

參與 2013 年新竹元宵燈會的台達永續之環，是有史以來最低碳的燈會建築，
不僅為慶典添上綠色面貌，也象徵台達在環保節能上的期許與決心。

下，他的外公家從事木材生意和茶葉買賣，童年時光都倘佯在大山大水的自然環境中，度過八年最快樂無憂的生活。

住台中一中學校宿舍時，孤苦無依在台灣，鄭崇華經常在寂靜的夜晚，一個人坐在操場上，看著數著天上的星星，遙念遠方的家人；日子久了，對浩瀚的宇宙產生了興趣。

面對不可知的宇宙，讓他了解地球形成的不易、天然資源的可貴，更意識到人類及自己的渺小。「要為子孫留一條活路」，因為人類只有一個地球，環保綠能，成為他始終不變的初心。

二十一世紀初，鄭崇華因緣際會讀到《綠色資本主義》，點燃了他對綠建築的興趣。在時任成大電機系系主任楊明興推薦下，他和台灣版綠建築標章及規範的起草人——成大建築系教授林憲德會面，擦撞出綠色的火花，連手打造台達台南廠。

2006 年，台灣第一座黃金級綠建築在南科誕生，開啟了台達在綠建築領域的一片天。

2010 年，鄭崇華捐建一億元的成大南科研發中心（成大台達大樓）啟用；當年再捐贈一億元，在成大力行校區成立孫運璿綠建築研究大樓，這座動員三位成大建築系教授、十二位博碩士生打造的「綠色魔法學校」，2011 年落成後蔚為新地標，每年吸引逾兩萬人次參觀。

十五年來，台達在全球自建或捐建的綠建築多達 29 座。

從推廣綠建築，與時俱進，到結合事業發展推動樓宇自動化解決方案的提供者，從建築智慧節能再提升到發展儲能，台達一步一步朝能源轉型的路前進，邁向智慧城市的願景。

下一步，製造新世代汽車

鄭崇華經營企業有成後，飲水思源，回饋母校的養成與栽培，2001年在電機系第十五任系主任劉濱達引介下，慨然捐出 100 萬股台達股票，以當時市值計約一億元資金，提供成大設立講座，行事低調的他，甚至將功勞歸於對台灣社會經濟有貢獻的人士，取名為「成大李國鼎科技與人文講座」；另也同樣捐輸清大，開設「孫運璿科技講座」。

過去數十年來，鄭崇華用企業或個人名義，捐輸給成大、清大、台大等各大學專科學校，在硬體設施及培育人才雙管齊下，為台灣產業與經濟發展貢獻心力。

求學生涯一路艱辛，他始終保持回饋的初心，在台灣各大學、在泰北，普設獎學金，幫助了數萬努力向學的學子；成立台達電子文教基金會，致力於環保推廣教育。

2014 年，「台達磨課師」（Delta MOOCx）正式開課。這是全球第一個以技職教育與高中 STEM 課程為主，成立以來，台達磨課師已吸引上千萬人次點閱學習，成為點亮台灣高中高工職學子基礎自然學科的一盞明燈。

下一步，鄭崇華一直想要製造新世代的汽車，他的汽車夢想需要時間創新，但催化出台達在汽車電子零件產品事業的根基。

2010 年，是台達正式踏入電動車市場關鍵的一年，開發出電動車電力動力系統及關鍵零組件、充電椿和自動測試系統；在十年磨劍後，成功打入全球主要電動車市場的供應鏈，更是台灣跨入電動車充電應用領域的先驅。

時代的年輪不停滾動，推著新世紀的浪潮向前，也淬鍊出鄭崇華卓越成功的人生。

「要為下一代保留更美好的明天，」現今已八十五歲高齡，退而不休，鄭崇華仍一本初心，以終身為環保傳教士的使命，懷抱綠色之夢，為台達電子集團找到一條更寬廣的永續之路。

點燈的人——

《天下雜誌》群創辦人 殷允芃

用自己的雙腳站起來

新冠肺炎疫情稍微降溫的 8 月下旬,《天下雜誌》群創辦人殷允芃,在自家「書香花園」二樓接受訪問。

話題推移時間之軸,轉動記憶的膠卷,風雨雷鳴中,她娓娓訴說著自己人生裡「點與點的連結」,從童年談到退休、由成大的綠茵走入愛荷華的白雪、以記者初心審視媒體未來……

撰文／吳錦勳　　攝影／羅挺倬
圖片提供／殷允芃、《天下雜誌》

午後雷陣雨忽然傾盆而來，一瞬間，窗外樹影跟著迷濛起來。葉尖雨水滴落，終於連成一條斷續的線。人們總說「connect the dots」，意思是在人生長途裡，早先看似散亂孤立的事件、斷裂的線頭、未解的謎團……，驀然回首，置放在遠闊的景深中，串起一個又一個連結，從而看清整體圖像，有了深遠的意義。

西安出生的殷允芃，八歲時來到台灣，那是大時代戰火的遺痕。1949年，時值國共內戰末尾，父親殷君采留守大陸，負責指揮青島大撤退，母親馬芹培獨自帶著四個孩子，在漢口搭上空軍運輸機，像「擠黃魚」一樣飛來台灣，「我們第一個家，就是飛機第一個落腳地嘉義。」之後全家在台灣團聚，但沒有幾年，她父親因病去世，為了養育四個孩子，她母親在員林實驗中學覓得圖書館管理員一職，於是舉家南遷彰化，留下殷允芃寄住於台北阿姨家。

因為成長於單親家庭，殷允芃很早就知道：「你要站在自己的腳上，沒有人可以幫助你。」她也將這種壓力，轉化成為催促自己非要往前走的動力。

故事帶她走向遠方

時代巨輪隆隆輾過，往往牽動微小個人生命軌道的劇烈轉折，從動亂年代走到今天，八十歲的殷允芃從來沒想過，自己會在這裡展開精采

成大樸實真切的文風，釋放了自由的探索空間，啟發殷允芃
對於新聞的熱愛（攝於成大校園）。

的一生。

1960 年夏天，北一女中畢業的殷允芃，歷經前一年聯考失利，痛定思痛，依循自己興趣，由甲組（理工）改讀乙組（文法商），順利考入南台灣首屈一指的成功大學，來到創系僅第四年的外文系。

當年老師包括來自不同國家的牧師和神父、美軍顧問團的家屬、傳教士的太太等；而同班同學裡有流亡學生、退伍軍人、印尼和香港僑生、農家子弟、小鎮醫生的女兒、台南世家公子……。老師貼地氣，同學來自五湖四海，殷允芃覺得這是人生很好的一堂課，「我的同學就像全台灣人口面貌的抽樣，各個階層的人都有，我們沒把自己當成了不起的 elite（菁英），這個經歷我覺得滿好的。」

畢業五十多年了，有些身影未曾離開殷允芃的內心，譬如教「莎士比亞」的趙老師，害羞到連學生也不敢看，但教學極為投入，自己拿了一本書，在講台上來回走動，用略帶鄉音的咬字，朗誦著莎翁的劇本。其實她已記不得上課內容，但是趙老師那種陶醉在故事裡的神采，留給她深刻的印象。也就是成大這種樸實、真切的文風，釋放了很多自由的探索空間。

此外，她在大三修了一門「新聞英文」，啟發對於新聞的熱愛，也決定畢業後出國攻讀新聞。有一天，她讀到聶華苓寫的文章，說她從圖書館出來，抱了一堆書，走在茫茫的雪地上，天上有月亮、星星。她覺得畫面很美，最終在奧瑞崗、密西根、愛荷華三所大學，殷允芃選擇去愛荷華。

殷允芃的母親變賣了首飾、向朋友借錢，才湊齊第一學期的學費。飛機票昂貴，殷允芃只能搭船，但那並不是我們以為的郵輪，而是載貨的貨船，出國時全家去送船，不知何時才能再見面。

《費城問訊報》首位華人記者

初來愛荷華，殷允芃必須補修大學部的「新聞學」，才第一堂課，老師派下的作業就要他們寫一篇有關越戰的文章，而且得上街採訪五個人，之後立刻打字成篇。殷允芃不知道要問誰，打字又慢，沒寫多少就下課了，結果得了一個大大的「F」。

這個打擊太大了，讓她快掉下眼淚。很多人勸她乾脆轉系，但她堅持

1965 年，好不容易湊齊學費的殷允芃，在基隆港口搭貨輪赴美。

1968 年，殷允芃（右）任職《費城詢問報》，是第一位在該報擔任記者的華人。

再試一下，先努力練習英打，熬過最痛苦的第一學期，之後漸入佳境，兩年多之後，逆勢上揚，以優異成績畢業，爭取到《費城問訊報》（*Philadelphia Inquirer*）的工作。

她先從實習記者磨練起，但一開始，採訪、寫作都跟不上，挫折又來了，主管勸她放棄當記者，改任文字編輯（copyeditor），但是殷允芃不甘心，積極爭取「請再給我試試」，打動主管延長三個月試用期。

最後殷允芃還是證明自己是優秀的新聞工作者。她是第一位在《費城問訊報》擔任記者的華人，這項紀錄至今尚未被打破。

頭三腳難踢

殷允芃的母親以往常說「頭三腳難踢」，剛開始她也莫名所以，但後來聯想到，母親小時候愛踢毽子，剛開始要單腳站立，抓到平衡竅門，踢得順了，就可以持續下去。「意思是說，一件事情剛開始起步最困難，要很努力，前幾步做好了，慢慢後面困難就容易克服了，這句話對我影響最大。我一定要試到最後，實在不能做才放棄，但往往最終還是可以走出來。」

這種樂觀、成長心態的取向，無形中對她潛移默化。殷允芃在美國寫就的《中國人的光輝及其他》，展現了她所嚮往、欣賞的人物典型，

不是那種自怨自艾，躲在地下室裡剝洋蔥、流眼淚的人物；而是喜歡昂首的、面向挑戰，彰顯人性潛能的典範，如張愛玲、聶華苓、貝聿銘、曾野綾子、夏志清、馬思聰、顧維鈞……，這些都反映殷允芃認為「一個人應該追求怎麼樣的一種活法」的寫照。

我的立場在哪裡？

1970 年，殷允芃在《費城詢問報》工作兩年餘，表現亮眼，也拿到產業工會的會員，只要不犯錯，幾乎篤定能留在美國發展，「這時候我就開始想，我要一輩子都這樣下去嗎？這是我要追求的嗎？」

當年的留學生，有九成以上選擇留在美國發展，只有極少數人會回來，他們共同的理由是兩地「差距太大了」，但是殷允芃認為，當記者畢竟和賣電腦或賣鞋子不同，在外國也可以當記者，可是沒有辦法像關心自己的家鄉那樣，真正從心裡面出發，她想明白了，「我覺得還是要回到關心的地方，比較能有一點 contribution（貢獻）。」如果不能寫自己真心所愛、所感的事情，記者就只是一個辛勞的工作而已，沒有意義。

1971 年，殷允芃終於束裝返台，她分別為合眾國際社、《紐約時報》、《亞洲華爾街日報》、《英國經濟學人》雜誌工作撰稿，為台灣發聲；同時在政大新聞系教書，培養新一代的新聞人。

1978 年年末、1979 年年初，中美斷交前夕，她早有耳聞，12 月 27 日美國代表率團來台灣談判，殷允芃跟美方經濟代表、《紐約時報》資深記者同坐第三輛車，在前往圓山飯店途中，車外圍堵著抗議人潮，在國旗揮舞中，很多人手持棍棒敲打車窗，丟番茄、雞蛋，車子幾乎開不動。那一張張激憤的臉孔、愛國心交雜咒罵聲，衝擊殷允芃的內心，她反覆自問著：「做個記者，我的立場到底在哪裡？」

她雖為美國媒體工作，但沒辦法不動感情，震撼之下，她覺得只是憤怒是沒有用的，「如果說我們外交、軍事都被別人捨棄了，我們唯一可以做的事情還是經濟貿易，所以我們應該自立自強，用自己的腳站起來。」當國家衰弱，憤怒抗議是無用的，台灣要讓世界看得起，除了民主以外，必須拿出傲人的經濟實力。而經濟要站起來，大家一定要有經濟知識、發展的共識。她想要辦一本「經濟普及化」的雜誌。

三年後，殷允芃與高希均以及王力行，再加上顧問張作錦，共同實現了這個夢想，1981 年 6 月 1 日，《天下雜誌》創刊了。

雜誌的命名得自國父「天下為公」的理想，殷允芃記得，拍板決定「天下」時，當場有人騎腳踏車直奔國父紀念館，買了復刻版《禮運大同篇》，截取國父飽滿潤澤的「天下」書法字。將原本直書橫放，背後加上五條線以平衡視覺。「天下為公」是大家都能夠認同的理念，寄寓著「對美好而公平社會的嚮往」。英文譯為 CommonWealth，刻意將「W」大寫，取其「均富」的涵意。命

名是一種力量，經歷時間的淬礪，「天下」也成為一種信仰。在中美斷交後一片移民潮裡，殷允芃反向的把自己的根扎在這裡，跟台灣站在同一陣線，扛起縮小差距的責任。

隨著台灣經濟與社會的演進，《天下雜誌》始終沒有改變初衷，違背信仰。她堅信，媒體是一個探照燈，形塑社會所見、所聞、所思、所感，對國家發展影響深遠。一本雜誌可以投射美好、啟迪理想、傳遞溫暖，還有不忘照見問題、監督政府施政、批判黑金，同時伸張公平與正義；她帶領讀者走過「三一九鄉」、關注下一代的教育、正向鼓勵企業肩負社會責任、追求全人類的永續發展……。整個《天下雜誌》就是一面照鑑台灣發展的鏡子，記錄下我們走過的步履痕跡。

殷允芃說：「其實創辦一個以經濟為主的雜誌，是對於我過去採訪政治新聞的反叛。」之前，她採訪過很多不同黨派的人士，最後發現對政治人物而言，最重要的是要有權力，為了得到權力、為了生存，他可能會犧牲原則，背叛理念，因此政治人物的話大多不太能相信，「但是談經濟，必須出言有據，提得出可信的數字，可以檢驗衡量，跳開各自的政治立場，在可信的基礎上討論事實，尋求共識。」

媒體商品化的衝擊

然而，過去二十幾年來，傳統媒體受到來自各界的挑戰，彼此過分競

爭，消費主義掛帥，致使媒體變成一種商品。看在殷允芃眼裡，她難免心焦：「媒體雖然是企業，但也是個志業，媒體應該要有它的使命，有它的社會責任，但是現在慢慢都被拋棄了。」

如何走出這樣的迷障？殷允芃不改媒體人的堅持，她說：「永遠都不要放棄，起碼你可以留下一盞燈火。如果說你自己就只能是一盞燈，那就好好的維護這盞燈，不要讓它熄滅。等到能力增大，再往前、往外擴充，直到覺醒的力量壯大，也許我們就可以走出來。」2017 年，

1989 年，殷允芃（左）前往新加坡採訪時任總理李光耀（右）。

殷允芃決定《天下雜誌》走向數位訂閱制，迎戰艱辛的數位轉型，她堅信，媒體必須依靠讀者來證明自己的價值，「訂閱」是新聞人證明自己價值的第一步。

十年前，殷允芃好友、左派社會學家、媒體人成露茜故去，殷允芃心生不捨，首次擔任紀錄片導演及編劇，以有限的錄音和影像，拍攝出榮獲金穗獎最佳紀錄片《綿延的生命》，主角 Lucie——成露茜博士。片中的成露茜總是笑容絢麗，眼神漾光，行步優雅，可是做的卻總是革命事業，她在女性、弱勢、階級、社會運動、媒體經營和教育等每個方面，都像個堅定的鬥士。殷允芃說：「紀念一個人最好的方法之一，就是讓他的精神可以延續。」

這似乎是一種鏡像，她們有很多相似，總是做得很多、說得很少，似乎永遠沒有脆弱的時候。改問殷允芃：「那麼，您有脆弱的時候嗎？」她略頓一下，「脆弱嗎？我不知道，不太會用脆弱這兩個字形容自己。」那麼會怎麼形容自己？「我覺得是很平凡，草頭一個凡，就是平凡，我形容我自己是很平凡的。」說完她笑了笑。

殷允芃的芃，乍看像「ㄈㄢˊ」，讀音為「ㄆㄥˊ」，她祖父取名字時，心想若是男孩子就取名「鵬」——如同《莊子》形容的「鵬之背，不知其幾千里也；怒而飛，其翼若垂天之雲」——可是生下來是個女孩子，後來祖父就改同音的「芃」，草字頭下面一個凡字，為草木茂盛的意思。這樣也好，一方面是鵬飛千萬里，一方面如小草扎

根在自己的土壤裡茁壯。

點燈的人和做事的人

曾經覺得自己平凡，甚至帶點害羞的殷允芃，不敢有什麼大夢想，而今卻成為華人世界裡最有影響力的女性之一。她向來有超越表面成敗的決心，她說過：「人生不是投幣機，你投了硬幣進去，就會有一杯可樂出來。」畢竟人不是上帝，努力不一定有收穫，有了這種的覺悟，我們所求於己的不過就是盡力拚搏。

多年前，《天下雜誌》首開風潮，推出「企業最愛大學生」調查，成功大學的畢業生幾乎年年蟬聯第一，因為工學院起家的成大畢業生是腳踏實地的「做事的人」（doer），擅於群策群力、共同合作、解決問題。

殷允芃說，她覺得人可能分兩種，一種人是「摘星的人」，另一種是「點燈的人」。摘星的人喜歡突破自己、打破紀錄，追求天邊那一顆最明亮的星；可是點燈的人，卻在大家往前走的路上，彎腰點上一盞一盞的燈，讓大家走得更通暢。「幫助大家一起往前走，也是一種非常好的價值，其實點燈的人應該感到驕傲。」

走過八十載歲月，如果說，能有什麼留給下一個世代參考，殷允芃提出五項建議。第一是「to know」，就是勇於求知、追尋真理；

走過八十載歲月，交棒後的殷允芃，仍將為團隊加油打氣，幫助大家一起往前走。

第二是「to do」，手腦並重，學以致用，實踐所知；第三個是「to be」，更重要的是，學習如何做人，挖掘人之所以為人的本質；第四是「to learn to live together」，學習與他人相處合作，共同前進；最後是「to learn how to learn」，時時更新自己，與時俱進，培養終身學習的能力。

她的話語一貫的真摯、溫暖且鼓舞人心，單眼皮下有著銳利眼神，談話時分明的語氣，暗藏鞭策後進的力道，忽然露齒一笑時，又那麼一派純真。

殷允芃年輕時，曾訪問過華爾街著名的華裔女銀行家吳棣棠，她說過下面一段話，殷允芃時時用來提醒自己：「盡量去做你所能做的事，你就能夠得到人們的認可，可是更重要的是，你也得到一份滿足，因為你知道自己已經盡了最大的努力。」

最近殷允芃正式交棒，像園丁離開苦心耕耘四十年的花園，她說：「我能夠做的就是盡量幫他們加油打氣，《聖經》裡有句話『A time for all seasons.』，凡事必有時，有起有落、有播種有收穫，世界是這樣子運轉，努力去做你能做的事，之後就交給上天了。」

大雨初停，殷允芃走向小陽台，幾滴水珠自葉片漱漱而下，小巷那頭吹來薄薄的風，她站在樹蔭裡朝我們笑了笑，那是放鬆的、如母親般和煦的笑。

眼光——

國際華文作家 董橋

留住時代的韻味

作家的筆,探討的是人的靈魂。董橋不只是一名作家,多年媒體人的歷練,使他有綜觀世事、洞察未來的眼光;他自小就過著與琴棋書畫相互滋養的生活,以文人的涵養行走。

世代不斷交疊,董橋以他的散文作品、書法字和中西文物典藏,留住時代的韻味,讓未來有脈絡前行。

撰文／吳秀樺　　攝影／郭永強
圖片提供／董橋

董橋落坐西式沙發的那一刻，滿室的字畫與文物，彷彿才回了魂。牆上的字畫，連同董橋日常寫文練字的書桌等百餘件收藏，曾首度公開於 2017 年由香港蘇富比主辦的一個展覽：《讀書人家——董橋書房剪影》，讓觀者恍如置身董橋書齋「舊時月色樓」。

「舊時月色」取自宋朝詞人姜夔作品，意為舊日時光已逝，留一片月色在心。董橋不僅以其為書房取名，還曾用它做為書名。2005 年出版，書中的 116 個短篇，寫的是他曾在地球五大角落生活的人和事。

「董橋」是筆名，他讀書時期學名「董群傑」，成功大學畢業後移居香港改用「董存爵」。祖籍福建，1942 年於印尼出生，在南洋度過童年和青少年；漂洋過海到台灣，在成功大學讀外文系並找到人生伴侶；在英國倫敦大學亞非學院做研究多年，又在倫敦英國廣播電台中文部從事新聞工作。

之後落腳香港，先後出任過香港美國新聞處「今日世界」叢書部編輯、《明報月刊》總編輯、香港中文大學出版社主任、《讀者文摘》中文版總編輯、《明報》總編輯、香港公開大學中國語文顧問，並在香港《蘋果日報》社長任內退休。他在港台及北京、上海、廣州、天津、杭州、成都、瀋陽出版多本文集，是華文圈著名散文作家。

然而，董橋卻認為：「我不期許自己要為時代創造出什麼，或者創造一套思想，只要能寫出與眾不同的地方就夠了。」

董橋兼具媒體人與文人的雙重涵養，並擅寫書法，文章風格自成一體，在時代的遞嬗中閃閃發光。

董橋的散文風格，融合了明清小品與英式散文的特點，在華文世界獨樹一幟，有人以「董橋體」來形容他字裡行間的貴氣與清雅；他也曾在報刊發表專欄並結集出書，除了擅寫的閱讀、文物，以及與文化人的交遊，也評時政與時人，化身為具批判性的公共知識份子，鮮明的立場，讓人深刻於其筆下流露出的眼光與膽識。

從童年到大學，受民國時期知識份子風采薰陶

董橋的舅舅開書店，代理商務印書館的書，父親在書店兼職，是書香

世家。父親很重視教育，董橋從小就學習英文與鋼琴，並在父親的書房中讀遍線裝書與明清筆記，喜歡看《水滸傳》。父親與友人們的往來、舉止與談吐，充滿民國時期知識份子的風采。生活在這樣的文化氛圍中，使得他對文字有了一種特殊的敏感度。

1958 年印尼發生排華運動，各地所有華僑學校都關門，具有華僑身分的學生，只能往台灣或者中國大陸繼續求學。董橋的父親是國民黨的忠貞黨員，在那個訴求「漢賊不兩立」的年代，董橋選擇到台灣。

董橋（右一）在成大的留影。照片背面有董橋手書「1963 年成功大學男生宿舍前」。

1960 年，他與同學搭日本興安丸輪船，經過九天九夜，從雅加達來到台灣，在基隆港上岸時，已是晚秋時節。

一行人在僑委會安排下，在當時的台北縣板橋鎮華僑中學進行考試。董橋國學底子強，國文與英文成績讓他考得還不錯，直接按志願分發，他的第一志願不做他想，就是中文系或外文系。於是，董橋成為成大外文系的新生。

當時成大才在 1956 年改制為省立成功大學，並增設文理學院和商學院。雖然 1957 年才創立的外文系是很新的系，但令他驚喜的是，許多老師幾乎都是老民國——原來珍藏著「知識份子的民國」，就在台灣。

一生追隨師長的背影前行

民國時期的知識份子，由於時代給予他們的特殊際遇——歷經北洋政府時期、抗戰時期，從舊時代走到新時代，中國與西方在文化和思想上的劇烈交會碰撞，孕育出豐厚的學養，有著優雅的風采與韻味。在董橋的眼中，他們是「老民國的新文士舊鴻儒」、「老民國風韻的閨秀典範」。

五四時期代表性女作家蘇雪林，是其中之一。董橋旁聽蘇雪林的課，「蘇老師穿著黑旗袍、黑皮鞋與白襪子，撐著一把黑洋傘走在成大校

董橋（右一）在成大找到另一半梁康藍（右二），並生下一雙兒女。

園，上課下課的身影，已然成為一道風景，深深烙印在我腦海中，至今依然鮮明生動。」

而來自歷史系的吳振芝老師教授「西洋通史」，話不多卻待人親切，偶爾一、兩句開口勸董橋的話，就讓董橋如沐春風。有一次，董橋在廊下發呆，吳老師走過去，輕輕說了一句：「發什麼呆，還不讀書去……」讓董橋嚇得不敢多逗留。

然而，除了提醒的話語，讓董橋懷念更深的，是那份無法用言語形容

的優雅。

大二時，《中華日報》南部版總編輯朱約農到成大教「新聞英文」，
報人日夜顛倒的作息讓董橋印象深刻，不想自己日後竟也走上朱老師
的路，在媒體做到年老退休。此外，董橋也常在週六下午，到朱老師
家中談天並受其點撥，這是那個年代常見的師生相處方式。

他打趣的說：「這些老師的模樣，全是中華文化千百年的醬缸醃漬出
來的人。現在醬缸沒有了，我是最後一代人。」董橋一生追隨這些師
長的腳步前進，他說：「看著這些老師的背影，比朱自清筆下的《背
影》，對自己影響還要深。」

客居倫敦才真正讀懂英文經典作品

西方文學真正對董橋產生影響，大半歸功於留英那七、八年。在成大
外文系打下的基礎有如種子，在倫敦則得到了養分的澆灌。

1964 年董橋畢業後，先到新加坡和越南住了一年多，之後遷居香港，
人生地不熟的他，好長一段時間找不到穩定的職業，曾在補習班授
課、當家教，後來在作家劉以鬯的安排下，開始在報館發表文章。英
國廣播電台（BBC）在香港招聘，為他的人生帶來新契機，1973 年，
他舉家前往倫敦。

在英國受到的文化衝擊，讓董橋不止在寫作方面，連學識、素養乃至於興趣，都經歷了全面的洗禮。董橋說：「在台灣讀了四年的外文系，原以為學識滿滿，來到英國之後，發現那只是帶領自己進入外國文學花園的鑰匙。」在這裡，他開始重新遍閱英國經典文學作品。

「到了英國之後，泡在那些書裡面，我就開始知道，珍・奧斯汀（Jane Austen）的作品好在哪裡，」董橋說，珍・奧斯汀的作品，在印尼英文中學讀高中時曾經一本一本讀，但是直到在當地生活、了解英國人的生活習性，進入他們的意識型態，熟悉他們的思維方式和語言邏輯後，才真正了解他們的文學是什麼。

因為讀懂了，董橋對於經典的興趣愈來愈濃厚，開始尋找最初的版本，想要親炙當時作品剛出版的時代氛圍。終於他收藏到 1813 年的《傲慢與偏見》版本，以及 1894 年有插圖的初版，董橋甚至連原畫真跡也找來收藏。

他曾經如此描述自己如何思考寫得與眾不同：「我要求自己的散文可以進入西方，走出來；再進入中國，再走出來；再進入……。總之，我要叫自己完全掌握得到才停止，這樣我才有自己的風格。」

愛讀書的董橋，在倫敦大學亞非學院研究馬克思，下了班，幾乎天天到學院圖書館裡，除了找資料寫論文，也看了不少書。提到這段客居英倫的經歷，董橋有這樣的一個小結：除了博覽群書，「換來的是點

珍・奧斯丁《傲慢與偏見》1894 年插圖版封面（上
圖）、內頁插圖（右圖），以及插圖原畫真跡（左
圖），均為董橋藏品。

點滴滴的做人分寸，學會寡言的好處和靜觀的優勢。」^{（注1）}

成為報人，多了一分「經營」的眼光

董橋與家人在 1979 年搬回香港，直到 2014 年從香港《蘋果日報》退休，職涯幾乎都在媒體。由於擔任的職務不是總編輯就是社長，使得他多了一分「經營」的眼光。

小至開創專欄，讓讀者耳目一新；大至發揮媒體的責任與使命，董橋試圖為華文世界的讀者打開新感受。同時，對於新聞、文學、歷史、文化、政治與社會之間的關係，站在媒體的位置上，董橋不僅有更深的理解，也有他的實踐。

比如他在《明報月刊》推廣藏書票，又開創「中國情懷」專欄，部分緣由來自他在成大讀書時，受到中華文化遺韻的薰陶。甫於 2021年 8 月辭世的知名學者余英時曾為文指出，如果不是董橋的「中國情懷」專欄，「我的陳寅恪研究，無論如何也不能發展出後來的規模而迅速的傳入中國大陸。」

又比方他在香港《蘋果日報》開設文化專欄「蘋果樹下」，邀請華人地區的藝文人士、學者、創作者等撰稿，每週日以兩大版的篇幅刊出，不僅為報社和香港留下當代的紀錄，也成為一份文化資產。董橋

退休的那一天，這份華文報界極具影響力的日報副刊也隨之告停，同行稱為「香港古典副刊的最後代表」。

《明報》和《明報月刊》的創辦人金庸（查良鏞），有文人身分更有商業頭腦。董橋說，「文人不能光知道如何寫作，更要知道如何經營，孤芳自賞是沒有用的，但是多數的文人不會考慮到這點。」雖然如此，董橋始終堅持原則與底線，知道市場是怎麼回事，但不一定要迎合市場，守住自己的風格和立場，絕對不媚俗。

1998 年他應黎智英邀請，擔任香港《蘋果日報》社長，為的是「一創報就有巨大的銷售量，總是有他成功可以學習的地方。」

新聞是歷史的初稿

董橋認為，報紙帶有傳播知識與文化的責任，身為文人，對社會負有使命：「文人應該對社會不滿。如果覺得社會都是美好的，就寫不出東西來了。」而且，對不公不義之事進行批判是合理的，但批判要冷靜有理、要有立場，不能亂寫更不能沒有據，堅持立場才能看到事件的關鍵在何處，沒有思想的批判是沒有用的。

報紙與新聞對一般人而言，「昨日的新聞，只是今日的黃花」，但董橋另有詮釋。

他說，「報紙就是時間的觀念」，而「報紙可以發展成文學」，新聞也可以和文學結合，像他曾服務過的《讀者文摘》就是典型的例子。

《讀者文摘》把各領域的東西結合起來成為一本雜誌，既是新聞又是文學，為各種文化背景與各個領域的讀者提供他們感興趣的資訊，就是新聞文學的典範。

董橋寫了多年專欄，他曾將 1995 年至 1997 年在《明報》的專欄文字，結集為《英華沉浮錄》，先是明報出版社出了十本，頗受歡迎，後來台灣的遠流出版社重新編成一套六卷發行。另一本專欄文集《白描》，則為 2005 年第八屆香港中文文學雙年獎散文獎得主。在得獎感言中，董橋用「文字戰場」和「老兵」來形容自己戮力筆耕的心情。

專欄有字數與連載時間的雙重限制，既要言之有物，又要蘊含情感並兼有閱讀意趣，題材甚至與時事有關，並不是容易駕馭的文體。他自述散文觀為講求「事、識、情」的融合，也就是實例、故事、觀點、看法，以及文筆的情趣和風采。

另一方面，他認為語言和文字是文化的載體，也相信語言和文字會與時俱進。新舊並存，可以豐富語文的內涵，而語文能形塑我們的思想與生活。

對於自己付出大半生的新聞事業，董橋曾有這樣的歸納：「我深切體

悟新聞事業是一份必須向同一代人和下一代人負責的工作，因此時事報導不容疏漏，政局評論力求持平，因為新聞是歷史的初稿。」(注2)

一脈相傳，才有未來

他謙虛的說，不敢以前輩的姿態對後人有什麼期許，因為按照他的方法不見得是對的。但對於下一代，他仍寄予三點祝福：首先，保持獨

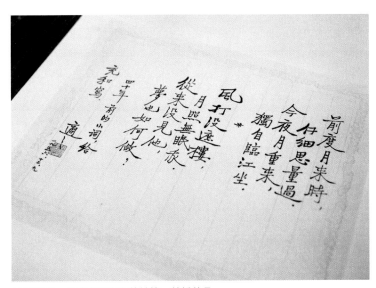

胡適寫給一代才女張充和的詩箋。董橋藏品。

董橋書齋「舊時月色樓」剪影。董橋說：「文人這條路不是自己選的，而是無形中變成一個文人。」

立的眼光看世界；其次，無論選擇哪個領域，都可以對社會和世界有所貢獻；最後，人生會有很多悲歡離合，不一定什麼事都是那麼順利，世界也愈來愈複雜，但希望能夠總是以開朗的步伐，踏出向前的每一步。

每一代人各自處在不同的大時代背景中，有不同的人生際遇，因之也有不同的人生活法。董橋一生致力的，不過就是保留住他所活過時代的韻味，讓人們對每一分、每一秒還能夠有所嚮往，一脈相傳，才有未來。

隔絕了外界的喧囂，退休後的董橋在他的舊時月色樓裡，過著「閒事莫管、無事早歸」的生活。讀書、寫書、藏書，一生被稱為「文人」的董橋說：「文人這條路不是自己選的，而是無形中變成一個文人。」

「我從來沒有想過，自己會成為一名文學家，或者自己所寫的是文學，這些筆下的書，都是在自己的背景與經歷之下完成，只求能寫出別人寫不出來的內容與文字就行，」董橋說，他的每一本作品都有自己的風格，至於好不好，「不能自己說了算，還是要留給讀者與後人去評價。」

董橋一生著作結集四十餘冊，今年他甫出版新書《文林回想錄》，記錄一生與文學界與文化人往來的經過，走過的人生道路、人情冷暖、傷感與歡愉，筆下的往事，如同一張張發黃的黑白相片，訴說著舊時月色的美好。

採訪結束，董橋特地詢問採訪團隊：「我的同學，殷允芃小姐，還在《天下雜誌》嗎？」原來，董橋與殷允芃，都是成大外文系 53 級畢業生。隨著歲月增長，還在台北的同學，就剩下董橋口中的「殷小姐」。人在香港的他，請採訪團隊務必替他捎上問候。那是董橋對故舊的惦念，也有著對台灣舊時月色的懷想。

注 1 與注 2 均出自《文林回想錄》，牛津大學出版社，2021 年出版。

志氣

中華航空公司前董事長 魏幸雄

打開世界，
讓台灣飛向無限

中華航空公司前董事長魏幸雄，在華航前後任職四十年。1978 年，台灣第一條歐洲航線，來自他一手推動；2003 年兩岸首度直航，也有他奔走的腳印。2007 年，他榮獲 Air Cargo News 第六屆終身成就獎，此獎每年全球僅頒發一名，更是全世界第一位非歐洲籍得主。

魏幸雄由一名小學老師，成為國家航空公司第一位本土籍總經理，並兩度擔任董事長，他歸功於年少時就立定志向，努力讀書，為自己敲開機會的大門。

撰文／邵冰如　　攝影／羅挺倬
圖片提供／魏幸雄、華經資訊

NCKU

成大人的成大事

成為
世界相信
的力量

紀錄片

藏行顯光
成就共好
Achieve Securely
/ Prosper Mutually

國立成功大學 九十週年
90° Anniversary of NCKU

天下文化 遠見

2003 年 1 月 26 日，上午 8 點 52 分，從中正國際機場（後更名桃園國際機場）起飛的中華航空（以下簡稱華航）CI585 波音 747 客機，降落在上海浦東機場。

這是歷史性的時刻。兩岸五十四年來，中華民國航機首次合法降落中國大陸。代表華航致詞的，正是當時擔任總經理的魏幸雄。

之後的 2005 年及 2008 年，魏幸雄更兩度擔任華航董事長。

魏幸雄在 1971 年進入華航擔任會計處稅務室研究員，是華航史上第一位高考及格碩士級研究員。他在工作上表現傑出，獲得台北市第一屆優秀會計人員的榮譽。

從此，魏幸雄在華航開展精采的人生。

當年，魏幸雄之所以獲得進入華航的機會，靠的不是人事關係，而是自己的實力。他寄履歷到華航，由於具有財務及交通管理的雙重專長，順利錄取。

想看更大的世界，堅持轉系追夢

魏幸雄出生的 1942 年，二次世界大戰尚未結束。成長於那個戰亂和

變動的年代，為了減輕家裡經濟負擔，他選擇就讀台南師範學校。當了三年國小老師後，魏幸雄決定報考大學聯考，成大更是心中的第一志願。

然而，考大學並不容易，因為師範學校偏重教育學程，魏幸雄沒有上過太多普通高中的基礎課程，也沒錢上補習班；但是他不死心，輾轉打聽到，有補習班借用台南市忠義國小的教室開設大學聯考補習班，於是他就站在教室窗外旁聽做筆記，每次一站就是三小時，完全不以為苦。

由於在師範學校不重視理化課程，魏幸雄報考大學聯考的乙組（法商及文學院），1963 年考進成大外文系。但一學期後，他有了更大的心願——走向國際。系上學養深厚的教授，以及來自不同環境背景的同學，重重敲擊著他的心：「台灣太小，我不能局限在這裡，一定要去看看外面的世界。」

大一下，魏幸雄鎖定成大交通管理系航運組為轉系的目標，希望將來投入航運工作，去追尋更大更遠的世界。一天下午，他鼓起勇氣，走向時任商學院院長兼交管系系主任劉鼎新的辦公室，表達轉系意願。

不料劉鼎新當場拒絕，嚴肅的告訴他：「不可能，你不是甲組理工科系的學生，我們不收文學院轉系生。」但魏幸雄毫不退縮，強調自己會克服跨領域的難題，後來仍依計畫送出轉系申請書。

最後，他的堅持打動了師長，終於獲得錄取交管系，站上追夢之旅的起點。

「劉院長改變了我的一生。他給我機會，讓我勇敢嘗試，迎接跨領域的挑戰，」魏幸雄始終記得，劉院長外表威嚴，拄杖走路時伴隨著咚咚聲，彷彿在警惕學生，但其實他是位慈祥的老師，很關心學生學習和生活上的困難，非常溫暖。「畢業時，劉院長還推薦我加入『斐陶斐榮譽學會』會員，依規定，院長每年僅能在院內提名兩位，這是很難得的。」

教海運學的王洸教授，也讓魏幸雄一生難忘。王洸是中國近代海運大師，儘管當年擔任台航董事長，仍然每週親赴台南上課。在魏幸雄眼中，王教授教學很認真，即使南北長途奔波，依然備課扎實，從不遲到早退，即使一、兩次教室裡只有魏幸雄一個學生，王教授也照常授課。

認定讀書是唯一的路

在交管系，來自文組的魏幸雄從頭學理化、電工學、機械學……，非常辛苦，但「看世界」的夢想激勵著他，三年內拚完四年學分，四年中均獲得交大學術基金會所頒發巽華獎學金，還兼家教幫兩個弟弟升學，更以全系第二名的成績畢業。

就讀台南師範學校的魏幸雄（右二），與前財政部政務次長王得山（左
一）、前經濟部部長黃營杉（右一），大家畢業後還於同一所國小任教。

現代學子常到圖書館 K 書，魏幸雄卻是到台南孔廟，那是自中學養成
的習慣，在樹蔭下的茶座點一杯茶，苦讀一整天，台南沉靜優雅的氣
息環繞著，彷彿天地間只剩下自己與書中的知識。

大學四年，他從不曾參與撞球、舞會等大學生的娛樂活動，年輕的心
裡充滿毅力，常一遍遍告訴自己：「我沒有背景，家境又窮，想要向

上提升，用功讀書是唯一的路。」

先試再說，絕不劃地自限

魏幸雄說，交管系三年拚出了他的人生，打下基礎，造就後來在不同
領域的成績。也是從那時開始，他再也不怕困難和挑戰，面對任何目
標都不放棄，先試再說，絕不劃地自限。

大四畢業前，魏幸雄力拚考上政大財政研究所，並通過特考，考進台
灣航運公司，同時高考也上榜。劉鼎新院長特別寫信給台航總經理，
為他爭取到半工半讀。

政大畢業後，魏幸雄進入中央信託局工作，但不久後父親過世， 身為
長子的他為了拉拔弟弟上大學，為了每個月薪水能夠多兩千多元，他
毛遂自薦，投履歷到華航。

那時他二十九歲，來自南部的本省人、家境清寒，在華航幾乎是異
類。他說，早年華航有著極濃的空軍色彩，有背景的人多，「而我只
想埋頭好好做事，賺錢養家。」

秉持著「好好做事」的念頭，魏幸雄在華航歷經無數挑戰，但卻從不
服輸。

1970 年代，台灣退出聯合國，外交接連遭逢挫折，華航迎來一連串的困境。

1974 年台日斷航，華航結束在日本的營運，原要補繳大筆稅額給日本，但身為稅務室主任的魏幸雄研究後認為，華航日本分公司結束營業付出大筆資遣費，理應抵稅，最後華航反而獲日方退稅 1.1 億日圓，他也因此當選台北市優秀會計人員。

好表現獲長官青睞，魏幸雄轉調出任貨運科科長，然而這番「空降」人事卻引發貨運人員反彈。但他不畏冷言冷語，依然埋頭做事，誓言一定要做出好成績。

當時台灣因外交打壓，開不了歐洲航線，經濟和貿易又正要起飛，外銷只靠海運很耗費時間。

1978 年，魏幸雄赴歐洲出席荷航主辦的每兩年一次全球航空論壇會議，荷航同業和他閒聊，得知華航想開闢德、比、法等歐洲航線卻受挫，便提醒魏幸雄：「我們歐洲有最四通八達的陸運，華航何不試試在歐陸中心的盧森堡？」這位同業更進一步建議：「你們可先開貨運航線，貨物抵歐之後再走陸運，而且貨運通了之後，客運航線也才有機會打開。」

一語驚醒夢中人。魏幸雄說，當時華航有盧森堡航權卻無航班，主因

1982 年，華航的盧森堡貨運航線開航，畫下航線版圖新頁。左一為時任貨運科科長的魏幸雄。

是認為盧森堡是很小的城市，沒有開航價值，但荷航朋友給了他莫大啟發，回台後立刻推動歐洲貨運航線和籌設歐洲貨運中心，華航高層也非常支持。

1982 年，華航的盧森堡貨運航線開航，機身有著青天白日滿地紅國旗的華航貨機飛抵歐洲大陸，一年後客運快速跟上，華航的台北—阿姆斯特丹航線開航。

身為亞洲四小龍的台灣，貿易之路從此更順暢寬廣，邁向國際的步伐

愈走愈快。

努力十年，終獲加入天合聯盟

此後二十多年，魏幸雄不斷轉換領域，在華航陸續接掌貨運、客運和財務部門，更數度遠派歐洲與美國，力拚海外市場。

2001 年，魏幸雄接到新的人事派令，接任美洲區處長兼洛杉磯分公司總經理。出發前他定下新目標——加入天合聯盟（SkyTeam Alliance），並獲當時華航總經理宗才怡的全力支持。

這個目標，來自魏幸雄認為華航必須改革重生，走向更好。

他認為，華航因為由官方轉民營，始終缺乏企業化經營的精神，紀律不夠嚴格，執行不夠徹底，但企業營運豈能馬虎？尤其台灣在外交上被孤立，國際資訊和交流不足，唯有加入國際聯盟，和世界接軌提升競爭力，公司治理才能甩掉舊有包袱，真正走向專業，與國際先進業者齊步發展。

「讓華航國際化，是我最大的心願，」魏幸雄一到美國，就全力遊說聯盟成員，但華航因過往飛安紀錄欠佳，他幾次到亞特蘭大拜訪達美航空總公司，對方都冷淡以對。

每回走出達美公司，亞特蘭大街頭的風，吹得魏幸雄心頭很冷，但他總想起在成大轉交管系的往事：「一開始不也這樣碰壁嗎？只要努力，最後總會成功的……」

就這樣一試再試，對外，他積極遊說；對內，華航全力提升飛安。最後終於打動達美航空願意支持，之後幾年，歐、亞、美洲的天合聯盟成員陸續表態支持，最後連中國大陸的南方航空和東方航空也全力支持，絲毫不受兩岸政治因素干擾。這在兩岸政治環境之下，是很不容易的成果。因如有任一會員公司反對，華航即無法入盟成為會員。

2010 年 9 月，天合聯盟受理華航的申請，隔年華航正式成為天合聯盟成員，並在台北召開華航入盟盛大酒會，所有會員公司的董事長或總經理都與會。華航成為台灣第一家加入聯盟的航空公司。

經過十年的努力，夢想終於成真。魏幸雄說，過程雖然艱辛，但只要一想起年輕時拚轉系、拚學業、拚研究所和高考、特考的自己，心裡便升起一股往前衝的力量。

魏幸雄表示，能加入天合聯盟，象徵華航在營運、飛安和服務等方面的表現，都已有世界級聯盟的能力。更重要的是，華航加入之後，藉由天合聯盟在中國及亞太地區的航網服務，從此可擴及海峽兩岸主要城市，台北更一躍成為亞太地區航空轉運站及主要商務中心，台灣的重要性不可同日而語。

完成歷史性兩岸包機直航任務

兩岸直航,則是魏幸雄的另一個夢想。

1990 年代起,隨著中國大陸改革開放,台商快速增加,民間對兩岸直航的呼聲不斷,魏幸雄每回去上海,看著浦東機場遼闊的停機坪和跑道,總默默許願:「我要讓華航的飛機在這裡起降。」

直到 2002 年,政府展開「大陸台商春節返鄉專案」,以「包機直航」

2003 年的春節前後啟動兩岸包機,華航肩負起首航上海春節台商包機的歷史性任務(「航」字上方前排立者為魏幸雄)。

方式，在春節時段，容許台灣的航空公司航機，以定點、定時、定對象的方式，專程接載台商往返上海和台北。

魏幸雄當時擔任華航總經理，也參與兩岸的溝通，終於在 2003 年春節前後啟動兩岸包機，華航更肩負起首班直航機的歷史性任務。

當飛機降落浦東的那一刻，準備登機的台商旅客滿心興奮和感動，還有台商受訪時告訴台灣媒體：「終於在這裡看到華航的飛機了，好像看到親人……」

下午 3 點 41 分，CI586 成功返抵國門，魏幸雄風塵僕僕下機卻毫無倦意，他很欣慰，因為他終於用自家的飛機，載著 242 位台灣人回家，更為華航、為國家、為人民、為兩岸，盡了一份心力。

兩度出任董事長，為華航創新局

除了台商，魏幸雄也關心赴對岸探親的老人家。

1980 年代末期，台灣開放兩岸探親，但因沒有直航，旅客必須轉機，魏幸雄常看到很多台灣老人家在港澳機場扛著行李轉機，心裡很難過：「為什麼回家的路要這麼辛苦？」在客運處處長任內，他幾度在兩岸官方和航運業間奔走，2003 年成功推動並簽署兩岸第一份航空業

2007 年，Air Cargo News 頒贈第六屆終身成獎給魏幸雄（左一），肯定他突破外交困境，長期帶領華航布局全球貨運，創下卓越的成就。

聯運文件，此後台灣旅客的行李可直掛對岸，返鄉探親的老人家再也不必大包小包辛苦轉機了。

2005 年至 2007 年，魏幸雄首度出任華航董事長，繼續為華航打拚。2006 年，在幾乎不可能的情況下，爭取到日本廣島與越南河內航線，以及日本大阪航線在斷航四十年後復航。

2007 年，國際航空貨運重要媒體「Air Cargo News」決定頒發第

六屆終身成就獎給魏幸雄,他很訝異,因為前五屆得主全是歐洲人。
但主辦單位告訴他,這是長達十多年的觀察結果,肯定他突破外交困
境,長期帶領華航布局全球貨運,創下卓越的成就。

2008 年 7 月,金融海嘯席捲全球,加上油價暴漲,華航面臨虧損的黑
暗期,魏幸雄臨危受命,二度接下華航董事長一職。面對惡劣的大環
境,他先找資金穩住公司,接著看好未來的景氣復甦,全面調整航班
航線,更盯緊華航各部門,最後成功帶領華航走出風暴,2010 年更創

2010 年 9 月 4 日,華航加入天合聯盟,象徵在營運、飛安和服務等方面,都已有世界級聯
盟的能力 (左八為魏幸雄)。

造全年營收 1,381.4 億元，獲利破百億的亮眼成績。

同一年，天合聯盟通過華航申請加入，魏幸雄隨即功成身退，2010 年 12 月從華航退休，留下漂亮的身影。

但航空界並沒有忘記他，2013 年，國際航空貨運協會（The International Air Cargo Association, TIACA）宣布，魏幸雄榮登當年 TIACA 「名人堂」，表彰他始終抱持明確遠見的態度，對航空貨運業做出專業貢獻。這是全球航空貨運業界最高殊榮，也是台灣航空專業人士首度獲選。

2013 年，魏幸雄出任華經資訊董事長，年過七旬從航空業轉戰資訊業，重新面對跨領域的挑戰。

從華航到華經，五十年來，不論是小稅務研究員還是董事長，每天下班前，魏幸雄都會想一想，今天自己為公司做了什麼。他說：「這是成大當年教會我的，腳踏實地做事，隨時檢視自己對企業、對群體有沒有貢獻。」

原是小學老師的魏幸雄，由於立志走向世界，以無懼亦無私的態度，跨越無數挑戰，為台灣、向世界，交出了傲人的成績單。

看得遠

台灣高鐵公司前董事長 歐晉德

大地工程是良心行業

有人說歐晉德是台灣第一位大地工程博士，實際上他更像是台灣公共工程的活歷史。

從 1970 年代初的十大、十二大建設，到高速公路、機場、港灣、捷運、鐵路地下化、汙水廠、焚化爐和高鐵，都能夠見到他的身影。

「大地工程是一個良心行業，我們必須要對過去、現在與未來負責，絕對不能夠等閒視之，」歐晉德說。

撰文／錢麗安　　攝影／羅挺倬
圖片提供／歐晉德

一幅萬里長城刺繡，掛在高鐵前董事長歐晉德辦公桌後方的牆面上。那是他任職榮工處時期一位駕駛的贈禮。

「從太空看地球時，萬里長城是唯一看得見的景觀，」歐晉德說，每當看著它，不禁思索起幾千年前，先民如何在山稜上規劃路線，要用什麼材料、如何運送，安全性、穩定性如何計算，才能夠屹立千年。

「這絕對不可能是即興之作，其中牽涉到太多工程的知識、專業、規劃與管理，」而這還不是中國可追溯最古老的工程紀錄，歐晉德滔滔不絕的說起，早在春秋時代的《考工紀》曾記載「天子有六工，司空董之，量地與民計其事而食之」，就是主管工程、負責國家的都市規劃。

話鋒一轉，歐晉德轉身拿來一顆外形神似台灣的石頭。原來，它是北二高施工的貫通石。

全長超過一千八百公尺的木柵隧道，1995 年貫通時，是台灣最長的隧道。在最後一次炸山行動中，這塊石頭竟不偏不倚落在歐晉德面前，「好像冥冥中注定，」那一刻他心裡湧生一股奇異又深刻的感受，「彷彿上天將台灣這塊土地，交付在我們手裡。」

歐晉德說，做為工程師，只是大時代裡的小小過客，但工程師應該對自己要有這樣的期許：現在做的每件小小的工程，百年、千年後的人都還可以使用，「我們的責任非常遠，不能只看到現代。」

1970 年代起，歐晉德便投身台灣的重大工程建設，從經濟起飛的十
大建設，高速公路、機場、港灣、捷運、鐵路地下化、汙水廠、焚化
爐，乃至 2007 年通車的高鐵，幾乎無役不與的他，被譽為台灣大地工
程教父；其引入、推動的新進工法，讓台灣登上國際期刊。

此外，在環境法規尚未成形前，歐晉德堅持以生態概念打造台灣第一
條高速公路；更遠赴東南亞，參與新加坡、馬來西亞與印尼等多國大
型經濟建設，輸出台灣經驗，享譽國際工程界。

從隨班附讀變身大地工程博士

歐晉德有「台灣第一個大地工程博士」的美譽，然而，當年他卻是
擔任教職的媽媽口中「能讀到高中就很不錯了」的孩子。

1949 年，父母隨著國民政府遷台，先後落腳於台北、台南，最後在台
東安頓下來。歐晉德笑說，他從小就是六個孩子中最調皮搗蛋的，而
遷徙過程中，不斷轉換學校、跳級上課，也導致他連注音符號都沒學
過，加上日語、台語、中國各省口音的國語，混雜在生活和課堂裡，
更是聽得他霧煞煞，成績單永遠滿江紅，初中三年幾乎都以隨班附讀
的方式完成。

高中聯考時，眼看無望考上台東唯一的台東高中，歐晉德只好跑到高

雄念了一所校風、名譽都不太好的私立學校，沒想到在這裡遇到真正的「太保」學生，對照之下反倒讓他成為老師眼中的乖孩子。但家中經濟無力負擔他的遠地求學生活，只得又轉回台東，以寄讀方式就讀台東高中。

幸而高三那年，他遇到兩位生命中的貴人老師，打開他對數學和物理的熱情。尤其是當時才剛畢業的物理老師，不斷以「我都不知道可以用這種方式解題」來鼓勵、激發他的興趣。歐晉德感念的說，直到今日，每逢教師節他一定打電話或親自拜訪物理老師，感謝當年對他的啟發。

天主創造我一定有目的

考上成功大學土木系夜間部後，歐晉德笑說雖一度沉迷在彈子房修「彈性力學」，但很快便在天主教同學會的協助下找到生活重心。尤其是他發現，社團同學不僅會玩，還是學校五育優秀榜的常客，像是現今的物理學家朱經武等，便起而效法；而這時期的兩位神父——一位是日後擔任台北教區總主教的賈彥文、另一位是日後成為樞機主教的單國璽，更對歐晉德的人生起了決定性的影響。

「神父們告訴我，天主創造我一定有目的，要好好找出自己的潛力與使命。」神父的一番話，讓歐晉德定下心重新思索，發現土木工程

中，不論是道路、橋梁或公共建築，都需要高度分工合作，不可能獨力完成；這和他喜歡交朋友、過群體生活的個性十分契合。

此外，土木工程和環境、人類生活乃至地球未來息息相關，因此，歐晉德不僅沉浸在本科的研究上，並廣泛選修人文系所的相關課程，訓練自我思辨能力與觀看視野，日後在進行工程設計規劃時，也才能兼具理性與人文的關懷。

像是為新加坡規劃第一條高速公路時，除了探勘路線與地形，歐晉德

考上成功大學土木系，是歐晉德（中）走上大地工程的起點（圖為成大時期測量實習課程）。

主動要求進入叢林，了解居住其中的人們是如何生活、水源條件等等，再藉由高速公路的規劃，降低對既有生活的破壞，營造更好的居住環境。

回想成大的時光，最讓歐晉德難忘的，是師生間緊密的關係。

歐晉德記得，進成大時，學校才從工學院改制大學沒幾年，校園僅有勝利校區，從大門進去依序是機械系、電機系、建築系，不像現在好幾個校區，商學院、文學院，連醫學院都有了。學生少，老師幾乎認得每個學生，互動起來更像是一家人。

像是羅雲平校長有一堂課只有三個學生，歐晉德說三人樂得可以直接跟老師有更多的學習互動，受益匪淺；又如，他在讀完博士回學校拜訪時，時任校長倪超的第一句話不是問學業，而是：「以前你騎腳踏車載的小女生現在怎麼樣了？」歐晉德趕緊回報：「現在是我太太。」倪超校長才鬆了口氣，聊起別的話題。

出去讀書，就是為了回來

「出去讀書，就是為了回來。」一心想為台灣做點什麼的想法，讓歐晉德在取得美國博士學位後，即使有優渥教職等著他，仍毫不遲疑的火速回台，捨棄教職投身職場，將所學在實作中加以印證、結合。剛

學成歸國之後，歐晉德陸續參與多項公共建設。圖為歐晉德（左一）在中鋼 B 碼頭基樁工程。

好此時，台灣正如火如荼的推動十大建設，對於大地工程人才需求渴切，頂著留美大地工程博士頭銜的歐晉德，適時提供了歐美最新進的工程知識，很快便被工程界尊稱為台灣第一位大地工程博士。

「這其實是『蜀中無大將，廖化作先鋒』，」歐晉德表示，當時光是

歐晉德（右二）在國際工程界有個響亮的名號「Dr. Ou」。圖為他擔任國際岩石力學學會副會長（1995 年～ 1999 年）期間，審查論文的身影。

一條中山高速公路就長達三百七十四公里，造橋、做道路邊坡、開隧道，每個工程都需要大地工程人員加以分析，一開始他也不了解，只得趕緊回家翻書，美國帶回來的資料不夠就寫信請教教授，再一一分析、判斷、嘗試，「大概三天到一星期就可以知道做得對不對，錯了就趕快修正。」

此外，他也發現台灣有很多實作型的專家與工程師，往往知道某個工程可以這樣做，卻因缺乏理論不敢建議；而他的專長正是邏輯分析，兩相結合下，工程問題即可逐一解決，同時建立起彼此的信賴感。

1973 年返台進入中華顧問工程司，歐晉德陸續參與了中鋼建廠、中山高速公路、鐵路地下化可行性分析、全台第一座民生汙水處理廠、桃園國際機場以及台中港的興建，不僅累積大量經驗，也深受公司重視，處處委以重任。同時也在前輩長官黃湘湖先生的建議下，將每一次的工程經驗透過書寫記錄，累積出數十篇論文，為台灣公共工程留下重要的史料。

在這段工作期間，歐晉德深刻體悟到公共工程應該著眼於經濟與環境並存，而非向單一面向靠攏。但他卻苦於無前輩可以請益。

參與東南亞各國重大公共工程建設

1976 年，時任亞洲理工學院副校長莫若楫博士計劃籌組亞新工程顧問公司，力邀他加入，歐晉德不做他想，當月就辭職到亞新報到。

時值東南亞各國的重大建設起飛期，在莫若楫授權下，從未去過新加坡也毫無人脈的歐晉德，二話不說就飛往新加坡，從設辦公室、找案子、談企劃，在莫博士的指導下一步步把公司經營起來，陸續參與了新加坡樟宜機場設施、高速公路的規劃，以及馬來西亞、印尼、泰國等的公共工程建設。

「第一次去新加坡時，樟宜機場還在填海造陸，桃園國際機場第一期

已經完工，但到了 1990 年代，樟宜機場已經開始進行第二期、第三期建設，反觀桃園國際機場第二期還未定案，就覺得非常焦慮，」歐晉德說，新加坡的國際交流非常有效且迅速，加上全方面接收人才，大膽採用新技術、授權明確，都有助於國家的整體發展與競爭力，十分值得台灣借鏡。

反向國際輸出台灣工程技術

這段東南亞經驗，讓想為生長土地盡心的歐晉德，再度選擇投入台灣的公共工程，接任國道新建工程局局長，負責國道三號與國道五號的工程興建。

在國道三號的規劃上，歐晉德大膽採用國外最新的工程技術，像是橫跨頭前溪的橋梁便採用節塊推進工法，也就是把橋墩造好後，將橋面先在岸邊完成，再一塊一塊推出銜接。

此一工法的成功，也讓台灣的工程技術吸引國際期刊報導，並以「Hightech Highway」來形容。

歐晉德說，在參與國道一號興建時，心中始終有個小小的遺憾，因當時的技術尚不純熟，環境意識也尚未形成，因此在興建過程中，多少對於環境造成無法恢復的傷害。因而，在規劃國道五號時，即使當時

並無相關環保法規，歐晉德堅持要藉由每一次的工程，慢慢學習與環境共存。

為此，他專程前往山地占全國九成以上面積的瑞士取經。「從飛機上往下看，一條公路蜿蜒在綿延的綠蔭間，更下方的溪床清澈見底，幾乎可以看到魚在游，」歐晉德形容當下心裡的悸動真是難以言喻，也更堅定他將國道五號以配合生態環境興建的信念。

由於國道五號行經的路段地質異常破碎，歐晉德改以逢山開洞、遇水

歐晉德（左）陪同時任副總統李元簇（右）視察雪山隧道開挖。

架橋的方式取代容易坍塌的邊坡工程，讓生態、環境與道路安全都能得到保障；而從石碇到坪林段，更以高架方式行走在山溝上，避開對溪流的破壞。

歐晉德笑說，如今從石碇休息區下來，可以清楚看到高架橋的橋墩旁有一條蜿蜒的小溪流，溪中石頭清晰可見，連一度消失的香魚都回來了；若在清晨經過國道五號，更可看到陽光初升、霧氣將散未散，兩側綠林延綿，車行其中不僅心曠神怡，更重要的是，對環境土地沒有絲毫的破壞。

「我有一個願望，是要替台灣規劃未來五十年的高速公路網，」歐晉德說，工程師在規劃時眼光必須看得遠，得幫使用者看到五十年、一百年後的樣貌，否則就是愧對國家。

因此，他早在 1990 年代就提出台灣路網的規劃，計畫中到了 2030 年或 2040 年時，台灣西部應該有三條高速公路，東部有一條高速公路，北、中、南各有一條橫貫的高速公路，提供所有國民「門到門」（door to door）的便捷生活。

此外，歐晉德也觀察到，大眾運輸在未來生活中扮演的角色將更為吃重，除了城市間的捷運系統、鐵路電氣化，乃至於高鐵通車，縮短的不僅是點到點的距離，而是整個生活方式，甚至商業運作等都將隨之改變，但在規劃上，如何兼顧環境、歷史記憶與生活，就成為一代代

規劃國道五號時，國內尚無相關環保法規，但歐晉德選線兼顧環境，只因工程必須要走上與環境共存的路。

工程師的責任與挑戰。

保有對這塊土地深刻的愛

一路走來，歐晉德始終覺得自己很幸運，受到國家照顧的他回顧自己的大半生，深感知識的領域是非常廣博的，只有謙卑的心才能夠容納知識。

這塊取自1994年北二高木柵隧道貫通時形似台灣的貫通石，一直跟著歐晉德，
象徵他對台灣這塊土地深刻的愛。

一向樂於提攜後進的他表示，除了謙卑自己，仔細聆聽別人的建言與知識，還要看到世界，才能夠了解地方的特色；要重視地方的特色，才能夠看到我們在世界所站的地位，兩者要相輔相成。此外，更要保有對這塊土地深刻的愛，以此做為出發點，才能將所學、所知充分發揮。最要緊的是，不要把土木工程當作一個硬梆梆的學科，工程是為人、為地方、為這塊土地上的人服務。

從日日泡在工地裡勘查地形、解決施工問題，在泥土堆、機械聲中，在測量儀與電腦的反覆計算中，一點一滴規劃、打造出台灣的重要建設，到帶領工程弟兄的國家道路工程局局長；從完成環島鐵道最後一哩路、接手台北大眾捷運系統營運，到臨危授命帶領高鐵走過風雨飄搖期，成為台灣的驕傲……，如今雖已退居第二線，說起心愛的工程，歐晉德眼睛頓時漾滿光彩，話語鏗鏘有力，各項國家工程在他一一細數下，歷歷在目。

「真希望你們有機會來我辦公室，給你看我的收藏，」由於新冠肺炎疫情之故，僅能以視訊受訪的歐晉德無限惋惜的說。這些收藏，在外人看來不過就是些石頭，但對他來說，每一顆石頭，都是一個時代的工程見證與記憶，更暗含著歐晉德對這塊土地真摯不渝的愛。

創新

旺宏電子董事長暨執行長 吳敏求

為台灣創造下一個未來

吳敏求創辦的旺宏電子，是第一家在美國 NASDAQ 上市的台灣企業。來自各國生產的科技產品，幾乎每一項都有旺宏生產的記憶體。

台灣高科技產業以代工為主流，然而旺宏以提供記憶體解決方案為主，不但走出創新的營運模式，更是全球最大的唯讀記憶體（ROM）及快閃記憶體（NOR Flash）供應商。

全世界只要與 Flash 相關的產業，都知道「旺宏」這個名字。

撰文／吳秀樺　　攝影／張智傑
圖片提供／吳敏求、旺宏電子

1989 年 2 月，第一顆全球衛星定位系統（Global Positioning System，簡稱 GPS）工作衛星發射成功，進入太空，GPS 系統宣告進入工程建設階段。

同一年，高科技事業雲集的美國矽谷，也發生一件驚天動地的大事。二十八個華裔資深工程師家庭約四十人，一夕之間出走。舊金山灣區深具影響力的《聖荷西信使報》（*San Jose Mercury News*）稱此事件為「Reverse Brain Drain」（逆向人才流失）。

他們的下一站，既不是歐洲或日本，也不是美國其他城市，而是台灣。號召這群人回到台灣，落腳竹科創立旺宏電子的，是有著「矽谷半導體金童」封號的吳敏求。

在成大一腳踏入半導體的世界

1948 年，國共內戰方殷。通貨膨脹、物價飛漲。如何面對變動，從零開始，是那個年代每一個人都要面臨的共同課題。對於這一年出生的吳敏求而言，這個課題彷彿也貫穿了他一生的際遇。

大學聯考，他的第一志願是台大數學系。吳敏求說：「我的數學非常好，最差的科目，就是我父親所教的國文與三民主義。」沒想到太早寫完數學考題，懷疑題目怎麼這麼容易，回頭檢查時把原本寫對的答

案改成錯的,最後錄取第六志願的成功大學電機工程學系。或許是上天冥冥中有安排,他發現比起重視理論的數學系,電機系更適合喜歡追求創新的自己。

1966 年,吳敏求從台中到台南求學。在那個艱困的年代,三餐都是學校餐廳解決,一個月的伙食費是台幣兩百四十元,付完後就沒有剩錢了,因此只能自食其力靠自己賺零用錢。

吳敏求大學時期相當活躍,圖為當年舞劍的英姿(右),以及在光復校區大成館前的留影(左)。

把握當時政府投資半導體生產，吳敏求（圖中最上方者）回台設立旺宏電子，圖為旺宏電子建廠時夥伴合影。

他曾與同學兼室友劉志放（台電電力研究所副所長退休），用三個月合力翻譯一本《基本電工學》，賺到兩萬元，一人一半。在 1971 年時這筆錢是不小的數目，第一次真正靠自己勞力賺錢，讓吳敏求開心許久。

吳敏求還在學校學會圍棋與橋牌，與劉志放兩人經常代表學校參加校外競賽，曾拿下大專盃橋藝錦標賽第六名；甚至在每週三晚上到台南社教館去打橋牌。吳敏求說，「獎品是肥皂、牙膏等日用品，可以省

下不少生活費。」

除了參加校內的天主教會活動，並在教會中找到互許終身的另一半，吳敏求也相當熱中體育活動。

從新生盃、籃球賽都可以看得到他的身影，甚至擔任系上的體育幹事，到處發掘各種體育人才，並且組織人員參加學校的運動會與各種賽事。甚至，為了讓同學盡全力參加活動，「每次練習完之後，我會送給每人一個雞蛋，」吳敏求說。在那個物資缺乏的年代，滋補的雞蛋是很大的吸引力，無形中也激發更多人參與的意願。

當年成大第一次開設半導體課程，在教授吳添壽的帶領下，吳敏求一腳踏入半導體的世界。此時的他還不知道，數十年後，自己將在半導體產業闖出一片天，還讓台灣的記憶體產業成為世界第一。

創下半導體產業奇蹟

在新竹科學園區，旺宏電子總部大樓的圓弧形外觀，很難讓人不多看兩眼。挑高的大廳達四層樓，氣勢雄偉，旺宏 2019 年舉辦的三十週年慶，就是在這裡切蛋糕慶祝。

吳敏求擁有史丹佛大學材料科學工程碩士學位，畢業後隨即往半導體

領域發展，曾在英特爾（Intel）擔任製程開發經理，學習記憶元件與製程技術，隨後往 VLSI Technology 負責製程開發技術及協助建廠，在美國的十二年，如同海綿般吸收了豐富的半導體知識與經驗。

到美國繼續求學深造，原不是吳敏求的人生計畫。在成大接連獲得電機工程學系學士、碩士學位之後，原本打算進入就業市場，然而他發

1998 年，知名財經刊物《Forbes》封面，以吳敏求率領的旺宏電子為代表，述說一群創業家如何將台灣打造為「東方矽谷」。

現自己所學，在台灣可能找不到合適的職涯位置，他開玩笑說，發現即使念了碩士還是只能到工廠當工頭，他思考這不是自己想走的生涯方向，才臨時決定出國念書。到加拿大讀了一學年後，順利申請到美國名校史丹佛大學獎學金，轉而攻讀材料工程領域，來增加半導體的知識。

吳敏求自美返台創業，旺宏成為世界上成長最快的半導體公司，第一個十年的營收從 0 到 10 億美元，創下半導體產業的奇蹟。

勇於創新，善用先進技術去挑戰

之所以回台創業，主要是半導體廠投資金額高、風險大，當時美國的創業投資者（Venture Capital）興趣缺缺；反觀國內願意投資半導體生產，台積電、聯電等就是由政府投資，之後再獨立營運的公司。吳敏求認為，應該要把握這大好的契機。

此外，在英特爾任職時，吳敏求利用改良製程技術，讓一片晶圓生產出超過十倍的元件，成為一大功臣。然而隨後的主管職缺，公司卻沒有選擇吳敏求，「只因為競爭這個職位的印度人，英文能力比我好，」這也刺激了他的回台意願。

吳敏求鎖定系統整合晶片（System on a Chip, SoC），投入關鍵之

吳敏求（右）與妻子王安如（左）於大學時期結識，年輕時共度
創業的艱辛，事業和家庭有成後，共享人生的喜樂。

非揮發性記憶體（Non-Volatile Memory）開發，先後推出唯讀記
憶體（Read-Only Memory）及可抹除程式化唯讀記憶體（EPROM）
等產品。

此時記憶體的世界，是由日商獨霸一方，品質和價格都將美國產品打
得落花流水。「我一定要做出比日本更有競爭力的產品，」吳敏求下
定決心。

然而，該怎麼做？吳敏求的方法是，由提升生產效率著手。他是全球第一個將半導體生產線全面電腦化的人，並將統計知識與半導體知識合而為一，有效控制生產的品質與良率。

此外，旺宏在成立之初就已領先業界，成為全球第一個將人工智慧（AI）與大數據（Big Data）概念融入半導體生產的廠商。

除了打造國際上第一座無紙化半導體工廠成為科技產業標竿，持續提升產品及客戶服務品質外，旺宏更是全球首家將產品不良率衡量指標從 PPM（百萬分之一）提升至 PPB（十億分之一）等級的記憶體公司。

這一切都說明了吳敏求是個凡事勇於創新，並且善用先進技術去挑戰的人。

理解世界怎麼做，才知道台灣該怎麼做

當時國內半導體產業，盛行的是逆向工程（reverse engineering）技術，也就是將別人的產品打開，研究其結構、效能與規格等，再製作出功能一樣的產品。

吳敏求走的是一條不一樣的路——「forward design」。若要主導世

界舞台，還是要靠產品一較高下，因此吳敏求選擇自行研發產品而非代工或逆向工程的方向來走。

他率先將美國 IC 設計模式帶回台灣，研發、設計、製造全部由零開始。吳敏求說：「我們要理解世界怎麼做，才知道台灣該怎麼做，把自己推向有競爭力的環境。」

許多科技業者都強調重視研發，旺宏尤其是當中的佼佼者，為什麼？吳敏求說，「美國科技業將營業額的 10% ～ 15% 做為研發經費，投入具有前瞻與遠見的技術。旺宏也是如此。」

旺宏所有產品都不假手於他人，迄今累積八千餘件專利，不僅奠定堅實的基礎，更讓旺宏在與東芝、飛索半導體（Spansion）等國際大廠的專利戰中，成為台灣首家在美國國際貿易委員會（ITC）打贏的科技大廠。

推動成立高科技產業第三類股

很快的，旺宏於 1995 年也就是創業第六年，成為國內第一家以第三類科技股掛牌上市的公司，更在第二年成為首家在美股發行美國存託憑證（ADR）的台灣科技業者，2000 年營收一舉跨過 10 億美元的門檻，讓吳敏求「半導體將軍」的封號不脛而走。

2019 年，吳敏求（左二）代表台灣，獲得全球第一個表彰優秀企業家的國際性獎項「安永世界企業家獎」。

1993 年、1994 年時，台灣科技產業正在起飛期，需要大量的資金挹注。然而，當時的法規限制重重，使得科技廠要上市，很難。吳敏求親自拜訪當時的經建會主委蕭萬長先生、經濟部部長江丙坤先生，以及財政部次長王政一先生，並以英特爾的發展為例，提出建言，如果不能夠透過上市從自由市場取得資金來壯大規模，擁有更足夠的資源進行產品及技術研發，台灣高科技產業很難發展與存活下去。

吳敏求推動成立以高科技產業為投資標的之「第三類股」，很快就得到政府的善意回應，1995 年，旺宏電子成為第一家以第三類股在台灣上市的標竿企業，進而促成海外資金大幅提高投資台灣的比例。

許多科技廠從此能夠循著旺宏的前例上市，並且站上世界的舞台募集資金，吳敏求的建言不僅幫了自己，也讓台灣科技產業呈現百花齊放的盛況，自此台灣也變成不一樣的台灣。

人要看清自己的能力，更要腳踏實地

旺宏之所以能有如此驚人的表現，除了團隊的努力，吳敏求歸功於經營理念「實在」二字。

科技廠有許許多多的專案和計畫，通常都不是由一個人負責，而是一群人共同前進，如果不能夠事先了解問題的話，會走很多冤枉路。投下巨資，但東西沒有做出來，公司就會陷入危機。

在創業摸索過程中，吳敏求更加認定，從事科技產業一定要「實在」經營，人要看清自己的能力，更要腳踏實地，如果做錯，只要能夠改過，就不會迷失，也不會陷入失敗的泥沼中無法自拔。

「『實在』的經營理念是很重要的，」吳敏求強調，「這是除了學識

之外，我在成大得到最重要的人生資產。」

最好的證明就發生在 2002 年，從那年開始，連續四年公司出現巨額
虧損，總金額達上百億元，但靠著「務實與堅持」，吳敏求帶領旺宏
奮鬥求生。

第一個十年，旺宏走得快又順，營收更是扶搖直上，營運走向高峰。
但也因為這個成功，讓團隊以為無所不能。

就在 1999 年底，吳敏求赴美接受心臟繞道手術，並休養交棒給專業
經理人時，因過於發散的產品發展策略，缺乏能夠賺錢的主力產品，
又遇上千禧年的網路泡沫，以及市場供過於求的波瀾，公司營運陷入
低谷。

公司瀕臨虧損危機之際，2002 年，吳敏求為了救回這個他一手創立的
公司，於是重披戰袍，帶頭征戰。所有的聲音都認為，旺宏將從此倒
地不起。但是，在成大學到的「務實與堅持」理念已牢牢深植心中，
吳敏求告訴自己，「發現問題，找出真正解決問題的方法」才是根本
之道，其中最重要的是要聚焦。

吳敏求要求團隊把八十多個研發專案列出優先順序，然後依照產品的
未來性、客戶群及市場應用等指標一一檢視評估，最後刪成約三十個
專案，並依據研發資源，將專案分成短、中、長期三階段進行，重

新調整研發與生產方向。因為這樣的聚焦，四年後，旺宏重新再站起來，並且轉虧為盈，比原本預期的時間縮減了一半，毛利率更回到50%以上。

採訪當天，仍值新冠肺炎疫情三級警戒期間，視訊鏡頭前的吳敏求，身上的紅外套特別搶眼。那是 2019 年時，專為旺宏三十週年慶所設計的紀念外套。

「世界最好的記憶體，來自台灣。」這是旺宏始終不變的堅持。談到台灣科技業與旺宏在世界扮演的角色，吳敏求說，優異的品質，是旺宏提供給世界的最好產品，讓台灣能夠一直站在領先全球的地位。台灣更應該學習瑞士或荷蘭，要與全世界做朋友，而不是只與哪一個國家做朋友。

投資培育人才，推動台灣走到下一個新境界

吳敏求說，「我這一生，一直在找自己的歷史定位。讓公司賺錢這件事已經做到了，我還要在科技產業創造一個定位。只是，這個定位要由別人來看，我只負責把事情做好。」其中一件事，就是投資培育台灣人才。

即使在旺宏最低潮時，吳敏求都沒有停止對學子的贊助。2020 年捐

贈成大 4.2 億元，興建「成功創新中心——旺宏館」，成大以此為基地，再創設「敏求智慧運算學院」。吳敏求再以每年一億、連續十年的方式捐贈成大，用以積極延攬國際傑出人才，為台灣訓練具有多方專長的人。

放眼國內幾所頂尖大學，「最弱的就是電腦運算（computing）這一塊，在先進的計算機領域，台灣的理論基礎是不夠的，」吳敏求分析，台灣擅長硬體，而電腦架構（computer architecture）的知識較缺乏，因此電腦運算的能力更要提升。

旺宏三十週年時，員工們在總部大廳與吳敏求（第二排中著紅衣者）一同慶祝合影。

旺宏已成為全球車用 NOR 晶片龍頭，推動台灣走到下一個新境界。吳敏求身著旺宏三十週年慶紅外套，期許旺宏長紅。

「如果能夠透過智慧運算學院，把全世界最好的電腦運算人才找來台灣任教，投入先進處理器（pioneer processor）開發，台灣一定能夠走出不同的路。這也是台灣教育制度的一個創新，」吳敏求認為，透過智慧運算的方式，把不同學院結合在一起，找到世界一流的老師，不要只限定於華人圈，不同的理念、知識背景與思維，會讓台灣的未來有不同的表現。

「我覺得自己很笨，因為我做的事，短期內都看不到成果，」吳敏求

這麼笑稱自己。一個成功的企業家,眼光一定要放遠,不是為自己做事情,而是要創造一個環境,讓台灣可以繼續往下走。

在吳敏求身上,看到的是一個企業家的遠見,無論是旺宏的未來,或是投資培育台灣人才,吳敏求正在打造不一樣的環境,希望能夠推動台灣走到下一個新境界。

承
擔
——

天主教若瑟醫療財團法人若瑟醫院
復健科主治醫師 吳炎村

哪裡有需要，
我就去哪裡

願意到偏鄉服務的醫師，並不多。曾獲頒第二
十六屆醫療奉獻獎，並獲蔡英文總統接見的吳炎
村，是其中之一。

「如果自己是醫生就好了。」原本任職台糖工程
師的他，在三十四歲時毅然轉身習醫，來自他對
岳父母長期病痛纏身的心疼。

2003 年，他來到雲林虎尾的若瑟醫院復健科任
職至今，不僅協助執行早療業務，更在口湖、斗
六與台西地區開設早療據點。

在當地人眼中，他是「雲林早療先驅」。

撰文／邵冰如　　攝影／林衍億
圖片提供／吳炎村、若瑟醫院

年過七旬的吳炎村在診間蹲下身，細心檢查輪椅上的小病人：「來，腿往前伸，我們看一下膝蓋喔……」像這樣的早療兒童，是吳炎村自2003 年來到若瑟醫院復健科任職至今，主要的病患之一。

早療兒童，通常是指六歲以下，認知、語言、粗動作、精細動作發展遲緩或過動，注意力欠佳的小孩。

如果不是在三十四歲時，報考第一屆成大學士後醫學系並順利錄取，今天的吳炎村應該已從台糖退休，在國營事業的制度下，開展另一個截然不同的人生故事。

試圖尋求不一樣的人生價值

1949 年，吳炎村出生於嘉義縣鹿草鄉，父親是獸醫師在鄉公所上班，母親是淳樸的農民，他二十二歲從淡江化學系畢業後不久，先在一家化學工廠工作，後來便進入台南鹽水糖廠當工程師。

然而，看到擔任教職的岳父母，苦於健康不佳，幾乎沒有生活品質可言，他感到相當不捨，竟浮現了這樣的念頭：「如果自己是醫生就好了。」妻子蔡明珠知道後，不但沒有反對，反而全力支持。

當時成大剛開辦學士後醫學系，吳炎村只有一次機會，因為年齡限制

是三十五歲。他毅然放下台糖工程師的鐵飯碗，試圖尋求不一樣的人生價值。

入學之後，他是全班年紀第二長的學生；大他一歲的那位同學，原來在中央銀行已當到課長，還有同學讀過博士班、當過講師。大家都是大人了，心性已定，很珍惜得來不易的學醫機會，同學間有著濃濃的用功氣氛，沒有人敢貪玩或心存僥倖。

重做新鮮人的興奮沒幾天，吳炎村馬上面臨沉重的功課壓力。成大是五年制學士後醫學系，大一沒有共同科目，一入學就是艱深的專業科目，再加上老師很嚴，壓力極大，逼得他非用功不可。

當時成大醫院還沒建好，醫學院和成大校本部之間隔著一條大馬路，吳炎村幾乎不曾參與過校本部的升旗等活動，也沒有體育課等輕鬆課程。他有時感覺讀醫學院好像上補習班，每天全是上課考試，即使下課也在 K 書。但更多時候，他常從教室的窗口，眺望不遠處那片施工中的醫院大樓工地，看著鋼筋大樓一層層往上增加，心裡滿是憧憬和期待。

「成大醫學系第一屆」的使命感

師長們也對這批白袍新生寄予厚望，一手創辦醫學院的黃崑巖院長，

每週跟全班學生談話，從做人做事、教學得失，談到如何面對各種社會現象。

黃院長常勉勵學生們腳踏實地，做一個好醫師。他最常說：「名醫不等於良醫。」希望學生們畢業後去做基礎研究，或是做其他醫師不願做的事，而非追求成為名醫。

吳炎村更記得，黃院長說過很多次：所謂「良醫」，即是不為名、不為利，哪裡有需要，就往哪裡去。

吳炎村也難忘教解剖的沈清良教授。他說，沈教授要求很嚴格，常考試，每次考完發考卷會從高分往下發，愈到後面學生就會愈緊張。

沈教授教學很認真，開學沒多久就記得全班學生的名字，上課時走過學生身邊，會突然冒出一句：「你最近成績退步了，要加油。」

見習與實習的北漂行

大二下學期起，展開見習課及實習課，必須有醫院為學生們實地教學。在成大醫院未落成的情況下，有人建議在台南找醫院，但黃崑巖堅持把學生們送到台大醫院訓練，因為他認為：「從優秀工廠出來的成品，會有一定的品質水準。」

四十九名成大學生北上之後，盡量與台大學生合班上課，並分成小組到台大醫院各科及各病房見習，每組只有三、四人，以免對台大的教學空間和品質形成壓力。

「在全國醫界的最高殿堂台大醫學院，瞻仰多位醫界大師的風采並向其學習，讓我們獲益良多。在這裡的訓練嚴格、扎實，黃院長應是很放心的，」吳炎村回憶，有些師長較為嚴厲，不過大家很團結，相互

有感於家人健康不佳，讓吳炎村（右三）興起放下鐵飯碗改而從醫的念頭，考上成大後醫學系，開展另一個截然不同的人生故事。

打氣，彼此提醒要忍耐，各小組之間更會互相幫忙，交換經驗。

黃院長週週北上和學生聊天，聽大家吐苦水，也會安慰每個人。「久而久之，我們就在那種艱困和磨練中長大了，養成逆來順受、忍辱負重的個性，比較能承擔壓力，」吳炎村說，這段「北漂」歷程，多年來始終是同學們心中的「出埃及記」，歷經艱辛困頓，最後換得豐美果實。

大五下學期，成大醫院落成啟用，吳炎村和同學們回到成大，院內上

若瑟醫院經營層的主要神職人員，長年不支薪的奉獻精神，也成為吳炎村（左二）留在當地行醫的動力。右一為創辦人之一的畢耀遠神父。

上下下充滿著朝氣和鬥志。實習醫師階段結束後，吳炎村進入復健科當醫師，一天工作十小時以上，但他以「成大醫學系第一屆」自許，有著捨我其誰的使命感。

之所以選擇復健科，是因為太冷門沒人要去。1990 年代的台灣，復健科不受重視，幾乎無人開業做復健科診所，「因為復健科不容易賺錢啦，」吳炎村笑著說。

一通改變命運的電話

關於賺錢，吳炎村靦腆的表示，讀醫學院時，學校曾調查過學生對日後薪水的期望值，他看到很多同學寫七萬、八萬時，非常驚訝，心想：「我以前在糖廠的月薪才一萬五千元，做醫生只要比在糖廠好就行了。」

在成大醫院工作七年後，吳炎村轉往台南的郭綜合醫院任職，後來又到新營另一家私人醫院。

2003 年，他接到一通改變命運的電話。時任若瑟醫院副院長的蔡孟宏醫師，邀請他到復健科任職。「我們醫院的復健科醫生要離職了，這裡很缺您這種專業人才，鄉下老人又多，而且這間醫院很特別，神父們做什麼都是先想到需要的人，還有很多需早期療育的小病人需要照

顧……來幫忙吧！拜託啦！」

當時，吳炎村其實已答應到台東基督教醫院服務，但考慮到若瑟醫院即將沒有復健科醫師，而台東基督教醫院還有，黃院長的叮嚀在腦海中響起。該去哪裡，答案已經很清楚。

肩負照顧早療兒童的使命

台灣的早療工作起步較歐美晚，傳統上常認為小孩子「大隻雞慢啼」（台語），部分家長因而忽略嬰幼兒的發展遲緩問題。直到 1990 年代，隨著經濟發展和觀念進步，在家長與兒童福利、身心障礙團體的推動下，早期療育才漸受重視。

1995 年內政部成立早療推動委員會，1999 年成立兒童局，之後幾年，社政、教育和衛生醫藥部門陸續與民間合作，在全台建構通報體系、評估模式與專業療育做法，並立法將早療服務相關條文落實在各級法規，各縣市政府陸續展開早療培訓計畫。

然而雲林是農業縣，民眾所得偏低，資源有限，要做早療並不容易；尤其偏鄉的環境遠不如都市，做早療要花費很多的成本和人力，多數醫院不願意投入。再加上偏鄉的隔代教養和新住民家庭快速增加，親子互動和語言刺激較少，出現發展遲緩的現象也容易被忽略，因而錯

2016 年，吳炎村（上圖左、下圖左）獲頒第二十六屆醫療奉獻獎，並獲蔡英文總統（下圖右）接見。上圖右為一直支持他的太太蔡明珠。

過黃金治療期，對家庭、教育成本及社會福利，都將形成負擔。

2000 年，家扶中心開始籌劃早期療育服務方案，並接受雲林縣政府委託成立早期療育組，次年進駐西螺兒童福利館成立早期療育中心及設日托班，為雲林的早療工作跨出了穩定的步伐。

2002 年，端木梁醫師在復健科擔任主任時，若瑟醫院開辦雲林縣第一個兒童發展聯合評估中心，隔年吳炎村到職，擔任復健科醫師，一肩挑起找出並幫助這些孩子的任務，更走出醫院，前進到交通更不易、資源更匱乏的鄉鎮，在第一線幫助孩子。

2004 年若瑟醫院開辦斗六早療中心，2008 年承辦口湖早療中心，2009 年承辦台西早療中心，那些年同時支援斗六長照中心和雲林特教學校等單位，吳炎村親自到各據點看診，觀察孩子們的認知、肢體和語言發展，再與治療師擬訂適合的治療及復健方式。

前往偏鄉，來回車程至少兩小時。吳炎村早上在醫院看診，中午一結束就要立刻出發，趕在下午一點半抵達朴子或口湖。為此，太太蔡明珠當起司機，整整十年，夫婦倆趕路的身影穿梭在雲嘉鄉野。

早療中心主要托育六歲以下發展遲緩或身心障礙的兒童，吳炎村心想，他多付出一點，孩子就會多進步一些，未來就有希望能逐步自理生活，減輕家庭和社會的負擔。更何況他知道，家長們的經濟能力不

好，但為了孩子，大老遠從鄉下騎機車到早療中心。他常和家長聊天，看著他們滿布風霜的臉上寫著對孩子的愛與憂心，「我總會想，能幫忙就要盡量幫，一定要給他們希望。」

他也會安慰家長並提醒早療團隊：「有些孩子只是比較慢，不是不行，只要我們肯付出愛心和耐心，他們會慢慢跟上來的。」

孩子的進步、家長的笑容，是最大收穫

吳炎村不只是醫師，更是孩子們的大朋友。他喜歡拍照，看診時會帶著相機為孩子們拍照，留下紀錄。斗六早療中心成立的那幾年，都是他幫中心的孩子拍畢業照，還一一修圖送給孩子們當禮物。

數以千計孩子的笑顏，被拍進了吳炎村的相機，家長們常會比對不同時期的相片，看出孩子的進步。他們非常感激吳炎村和若瑟早療團隊的悉心治療，讓慢飛天使終於學會了展翅飛翔。

早療中心目前每月平均有近五十名學生，包括多重障、肢障、聲障、自閉、發展遲緩等不同障礙類別。吳炎村說，早療的意義，是提早發現、提早搶救，改善他們肢體無力、平衡障礙、認知落後、語言表達等問題，讓孩子畢業後順利升上一般小學或特教學校，逐漸邁向正常的生活，減輕父母的重擔。換言之，早療中心每幫助一個孩子，就是

吳炎村自 2003 年到若瑟醫院復健科任職至今，一肩挑起幫助早療兒童的重任。

為一個家庭帶來轉機，為台灣創造一分希望。

2016 年，吳炎村獲頒第二十六屆醫療奉獻獎，被譽為「雲林早療先驅」，他帶著若瑟團隊，推進了雲林縣早期療育進展的歷史，為早療的種子在偏鄉蓊鬱成林，盡一分心力。

吳炎村把得獎的榮耀歸功於若瑟團隊，他很欣慰，長年努力下來，早療在台灣偏鄉漸受重視，愈來愈多醫院投入早療；家長的觀念也進步了，會開始警覺孩子的發展落後，積極求醫。近年來，雲林的遲緩兒

通報人數已大幅增加，從 2016 年至 2020 年，每年都有八百到一千人左右。

在若瑟醫院服務已經十八年，孩子的進步、家長的笑容，是吳炎村最大的收穫。常有人問他：「吳醫師怎麼不去大醫院賺大錢？」他笑一笑：「很慚愧，從小到老，沒想過賺大錢，夠吃就好。」

2017 年，吳炎村獲得成大傑出校友的榮譽。推薦人是時任成大醫學系系主任的姚維仁。

在他的推薦中，以「成大之光」來形容吳炎村的成就：「大部分的畢業生都會選擇環境比較良好、待遇較優渥的醫院去服務，但是吳炎村醫師毅然決然到醫療相對缺乏的偏鄉去服務，並且不計代價，協助這些需要幫忙的弱勢團體。他曾經說過：『對於醫療我是盡心盡力，對於病人我是全心全意，只要病人需要我，我永遠都在。』由於這種犧牲奉獻的精神，也讓他獲得醫療奉獻獎，我們認為他這樣的行為足以做為學弟妹們的楷模，也是成大之光。」

回首半生行醫路，吳炎村說，「盡心做好一位小鎮醫師的角色，無愧師長的期望、無愧病人的信賴，就無愧於心了。」

共好共贏 —

大聯大控股董事長 黃偉祥

以產業控股模式開新路

就讀大學二年級時，黃偉祥便決心要成為一名業務員。

他不但如願以償，並改變電子通路產業生態，開拓出新的經營型態——2005 年成立的「大聯大控股公司」，是台灣首家通路多合一產業控股公司，目前是全球第一、亞太區最大的半導體零組件通路商。

他不僅寫下自己的傳奇，所開創的產業控股新模式，更為企業界打造「共贏生態圈」與永續經營，樹立典範。

撰文／吳秀樺
圖片提供／黃偉祥、大聯大控股

2020 年 12 月 2 日，位於南港經貿園區，樓高二十三層的大聯大總部正式啟用。一樓大廳天花板，吊掛著一件耀眼的金黃龍舟造形藝術品，黃偉祥說：「如果說，龍舟是大聯大，那麼，每片槳就是我們大聯大的每一個子集團、每一位員工；如果說，龍舟是半導體產業供應鏈，那麼，每片槳就是這整條產業鏈上的每一個夥伴。」

這件藝術品以運槳齊舞幻化成飛鳳的姿態，詮釋了大聯大的使命：「協同合作、共好共贏、協同生態，共創時代。」

看見 IC 零件通路產業的價值

黃偉祥所開創的國內首家通路多合一產業控股公司——大聯大控股，目前旗下有四個子集團及一個海外集團，員工人數約五千人，代理產品供應商超過兩百五十家，全球約一百個分銷據點，2020 年營業額達 206.5 億美元。

事實上，四個子集團包括世平集團、品佳集團、詮鼎集團與友尚集團，原本是同業，甚至是王不見王的競爭對手。

為了消弭惡性削價競爭，導致表面業績雖成長，獲利卻下降甚至沒有獲利的局面，首先是位居台灣第三規模的品佳，在 2005 年春天響應黃偉祥的號召，宣布以換股的方式，由世平興業與品佳公司合組大聯

大投資控股股份有限公司，並於當年 11 月 9 日正式成立，開啟國內 IC 通路商進行產業合作、共同籌組控股公司的先例。

原本相互砍殺的對手，攜手共同開創新路，重新建立產業的秩序，讓 IC 零件通路產業的價值，再度被看見與重視。這種全新的營運模式，可說是為台灣的通路產業投下一顆震撼彈。

原本是互相競爭的小型 IC 零件通路產業，在產業控股公司的運作模

黃偉祥（左五）所開創的產業控股新模式，為企業界打造「共贏生態圈」與永續經營，樹立典範。圖為大聯大總部啟用剪綵儀式。

式下，集團成員共享管理平台與後勤系統支援，核心業務仍保持各自獨立，既能發揮綜效，又有「兄弟爬山，各自努力」的良性競爭力，吸引同業陸續加入甚至「主動求嫁」，讓大聯大躍升為全球第一、亞太區最大的 IC 通路商。

大二時下定決心要做業務員的黃偉祥，證明了自己不只擁有優秀的銷售能力，更為產業拓出一條新路，開創不一樣的時代。

黃偉祥出生於台北的一個公務員家庭，師大附中畢業後，按著系所排行榜選填大學志願，就這樣考上成大工程科學系。當時黃偉祥的哥哥也在成大讀大三，帶著他到處玩，讓剛上大一的他有著「大學生活真快樂」的錯覺，「微積分」的課本都沒買就去上課。直到教微積分課程的陳德華老師給他不及格的分數，黃偉祥受到教訓後，立刻買來課本，在寒假期間努力追趕，收斂起漫不經心的態度，開始回歸正常的讀書生活。

工程科學系是很特殊的系，既有工程又有科學，在課程的安排上，等於是將工學院各系的主修科目，幾乎都納入工程科學系的課程裡。像是電機系的「電磁學」、「電子學」、「電路學」；機械系的「應用力學」、「流體力學」；土木系的「工程力學」，以及化工系的「熱傳學」等等，還有計算機程式的課程。

當中讓黃偉祥覺得最辛苦的一門課，是從大一到大四都要修的「工程

數學」。負責教課的朱越生老師，是學生們崇拜的工數大師，很多課本都是他寫的；每次考試，朱老師都是用 open book 的方式，如果沒有花心力徹底理解，就算抄課本也沒有用。對此，黃偉祥直言：「如果不夠聰明，著實無法應付這些課程。」

班上唯一選擇從事業務工作的人

他及早認清自己的能力和限制，而且比自己優秀的人太多了，他了解到自己不但不能走研究這條路，而且如果跟大家一樣，未來從工程師開始起步，發展會很有限。因此從大二開始，他就下定決心要當業務員，並在大三開始修習商學院相關課程，如「會計學」、「統計學」與「經濟學」等，甚至連日文課都去上了。

這些課程，在黃偉祥日後創業時全都派上用場，不但讓他有掌控成本的概念，就連會計帳都可以自己來，同時還為公司寫了專屬的企業資源規劃系統，更有效的控制成本與庫存。

當年系上同學有一半以上，畢業後繼續讀碩士或出國深造，多數人都是工程師，黃偉祥則是班上唯一從事業務工作的人。

喜歡從做中學，黃偉祥總戲稱自己是「黑手」。喜歡聽音響的他，會去台南的灣裡，或者放寒暑假有機會回台北時，到電子零組件貿易公

司、電子成品公司，購買 IC、電晶體等零件，組合成音響、喇叭、放大機或收音機，半買半送給同學或朋友。他樂此不疲，因為想從做十次、百次的差異，了解有何不同之處。「唯有從不斷的練習中才不會忘記，並且累積獨有的經驗，」黃偉祥強調。

過程中，經常接觸到電子零組件貿易公司的業務員，進而認識這個產業，對於他畢業後走進半導體零件銷售這個行業，無形中有著潛移默化的作用。

創辦世平，成為國內 IC 通路商龍頭

大學畢業，服完兵役，黃偉祥進入 Fairchild 半導體的經銷商，如願從事業務銷售工作。兩年後，他創辦一個從事電子零件買賣的公司，二十萬元的創業資金，是母親標下互助會湊來給他的，用的是黃偉祥過去兩年的薪水；只是這一點，黃偉祥完全不知情。

當時，他每個月可拿到五千多元的薪水，自己只留下一千元，其他都交給母親。母親將這些錢全數投入互助會，替黃偉祥存錢。才兩年，就派上用場。

公司經營得很順手，只不過，零件必須委託進口商，黃偉祥就想，乾脆自己成立一家公司專門處理進出口貿易，於是 1980 年 11 月，世平

興業正式成立，以代理銷售 IC 零組件為主要業務。

世平興業與台灣 1970 年代許多白手起家的中小企業一樣，是小資本的一、兩人公司，老闆身兼員工，賺錢後再一步一步慢慢成長茁壯。黃偉祥坦言：「對於創業是否能成功，並沒有太大的把握。」但看到了機會，他認為就應該去把握、去衝，才能走出不一樣的路來。

回首創業歷程，黃偉祥發現，半導體上游業者其實對通路商代理品牌存在著種種不公平的限制，但他與世平勇於挑戰體制，雖然曾經受到上游壓制，卻也一一熬過去。黃偉祥說：「碰到壓制自己成長的東西，就要去改變；遇到不合理的狀況，就要去挑戰。如此公司與同業才有機會。」

1998 年，世平上櫃，以半導體相關通路商的身分進入資本市場，並於 2000 年轉上市。黃偉祥與世平踏出了第一步，帶動其他業者也跟著上市上櫃。2001 年開始，黃偉祥以常見的購併方式擴大規模，包括維迪、朋商、龍臨、荃寶、富爾特旗下的富威等公司，世平成為國內 IC 通路商龍頭。

當時半導體業前景一片看好，同業為了搶市占率，不惜割喉殺價競爭，價格砍得刀刀見骨，殺得血流成河，讓公司空有營收但獲利卻沒有隨著成長，投資人根本不想投資，公司的股價更是一落千丈。黃偉祥認為，如此下去，整個產業勢必會一起向下沉淪，於是主動找上競

爭對手品佳公司董事長陳國源，共商大計。

剛好，陳國源對於產業現況也感到憂心忡忡，雙方一拍即合，台灣兩大 IC 通路商就此開啟合作新頁。

從經驗中找新路，捨購併改採產業控股模式

只是，黃偉祥為什麼沒有採取以往購併的方式，而改由產業控股的模式進行結盟合作？

原來是因為世平過去的購併屬於「吸收式合併」，兩家公司分成續存公司與消滅公司，合併後只留一家存續公司繼續運作，因企業文化與制度的不同，在合併的綜效產生之前，會產生磨合的陣痛期，同時必須承擔磨合期間人才流失的風險。

這一次，世平和品佳的股權全數轉換成大聯大控股的股份，利用控股的方式讓兩家企業續存且共享資源，原本各自的核心業務繼續獨立運作，大幅降低因為企業文化不同而產生的衝突，這是對企業、投資人與員工三贏的做法。

黃偉祥說：「剛開始確實有質疑的聲音出來，壓力真的很大，但是一年、兩年過去，就會證明這是對的。」如此也讓同業反思，殺價搶單

建立在「信任」基礎上的產業控股公司，既合作又競爭，激發出熱情、創意與創新的可能（圖中 WPG 為大聯大公司英文名字簡稱）。

的意義何在。

黃偉祥說，成立控股公司看似容易，但資源的整合頗耗費心力，尤其是要建立一套彼此都能相互信任的機制，就得以公平為基礎，資訊要公開透明與開誠布公；同時，賠錢的生意毋需硬接，獲利立刻就有明顯的提升。

大聯大成立之後第三年，公司營運表現逐漸有成果，但是在 2008 年就面臨第一場考驗。全球產業受到金融海嘯重創，黃偉祥立即建置線上數位平台，將月報表改為日報表，每天的營收、庫存、現金、應收

帳款，以及訂單未交貨的資訊，全部上傳平台，有了這些即時資訊，每天可以結算帳款，更能深入掌握公司的營運。2009 年及 2010 年，大聯大都交出漂亮的獲利成績單。

持續創造新的營運模式與價值

2010 年 10 月，大聯大成立財團法人大聯大教育基金會，由黃偉祥擔任董事長。基金會希望提供優質學習環境與突破性的知識概念，進而培養優秀青年學子成為世界級的供應鏈管理專才，並養成解決問題的能力。

黃偉祥表示，現代人與數位網路的連結是十分緊密的，他提醒年輕的一代，要有能力在數位之海中做出正確的判斷，特別是數位時代中的人際關係，在數位環境下如何被信任，一定要有能力跳出同溫層，看見更多的觀點與可能性。

此外，突如其來的新冠肺炎疫情，以及全球氣候變遷對環境的衝擊，讓未來變得無法準確預測。黃偉祥認為，現代人要學各種知識與能力，並且培養出韌性，也就是復原力。「學習從逆境中彈回的能力，在生活中、職場上面臨巨變後回復的能力，」黃偉祥補充。

2012 年後的大聯大，以追求組織的綜效為主。2013 年，黃偉祥將執

行長一職交棒給旗下詮鼎集團執行長葉福海。「上市公司本來就是大眾的，而不是家族與個人的。如果社會一直將大聯大與黃偉祥畫上等號，並非企業之福，」黃偉祥說。

他相信，接棒者會做得比自己更好，下一個再接棒的人又能創立更好的典範。「每次交棒都有建樹，每一任都有留下足跡，建立傳承的典範也都是正面的，公司就會愈來愈強，」黃偉祥心中所想的，正呼應他所欣賞的中國古代哲學家老子「生而不有，為而不恃，功成而弗居」的觀念。

面對下一個十年新變局，大聯大致力轉型成一家數據驅動的企業，為通路產業控股公司創造新的營運模式與價值。圖右為大聯大總部大樓。

黃偉祥認為,只要堅持做正確的事,終究會產生共振的效果。他希望台灣未來能有更多像大聯大這樣合組共贏的企業,走出不一樣的路。

葉福海接棒後的大聯大,在數位轉型布局方面著力頗深。2015 年起,大聯大為下一個十年新變局,建構一個以「數位化」爲核心驅動力的智慧供應鏈平台生態圈,開啟全面數位轉型之路。2018 年推出數位平台「大大網」,並倡導智能物流服務(Logistics as a Service, LaaS)模式,協助客戶共同面對智慧製造的挑戰。大聯大致力轉型成一家數據驅動(Data-Driven)的企業,為通路產業控股公司創造新的營運模式與價值。

2021 年，受到新冠肺炎疫情影響，上游原料短缺，全球半導體產業陷入供應吃緊的窘境。然而，不畏半導體缺貨壓力，大聯大控股公告第二季營收一舉跨過兩千億元大關，再攀歷史新高點。

傳教士精神，為台灣產業轉型升級獻策

交棒後的黃偉祥，除了將重心回歸董事會與公司治理，他也看到產業控股公司的模式能為台灣企業創造更多價值。他說：「人總是要找點有意義的事，也就是對社會有回饋、對產業有貢獻的事情來做。」

回首創業歷程，黃偉祥認為，只要堅持做正確的事，終究會產生共振的效果。他將自己購併與整合企業的經驗，以傳教上的精神，在 2019 年成立「台灣產業控股協會」，要協助台灣產業轉型升級。

台灣的經濟型態以中小企業為主，占比高達 97%，這些公司都會面臨轉型、產業升級、國際化與傳承的問題。但中小企業資源不足，如何突破困境升級與轉型，黃偉祥說：「合作與整合，才能共創雙贏的模式。」產業控股公司，是他認為值得參考的方式。

大聯大就是典型的中小企業，透過合體共組的模式變成中大企業。他希望台灣未來也能有更多像大聯大這樣合組共贏的企業出現，將資源整合，一起「做大做強，共好共贏」，走出不一樣的路。

造局者

奇景光電董事長 吳炳昇

點亮台灣價值

1990 年代，TFT-LCD 面板以筆記型電腦螢幕的型態，走向商業化與產業化，啟動新一波的眼球革命，改變全人類的生活模式。

眼看著韓國快速壯大 TFT-LCD 產業，成為日本最強勁的對手，吳炳昇積極推動有資本能力和企圖心的企業，打造台灣第一座 TFT-LCD 廠，繼而在全球顯示技術產業建立話語權，點亮台灣價值。

撰文／吳秀樺　　攝影／林衍億
圖片提供／吳炳昇、奇景光電

輕薄又省電的薄膜電晶體液晶顯示器（Thin Film Transistor Liquid Crystal Display, TFT-LCD）電腦、電視，已全面進入家庭及辦公室，取代過去長達半世紀又厚又重的電視、電腦螢幕。

小至手機，大至戶外廣告牆，主導人們生活的各種尺寸液晶顯示器所帶動的液晶革命，還在進行式當中。

從成功開發台灣第一片 3 吋 TFT-LCD、完成國內第一座 TFT-LCD 廠建置，以及南科的一座座新世代面板廠，甚至在穿戴式科技中引領風騷的 Google 智慧眼鏡，由平面到立體的各種創新技術，都有吳炳昇的身影。

他是台灣首批從事 TFT-LCD 產業的功臣之一，用身體力行的方式研發新技術，並且推動大型企業投入 TFT-LCD 產業，甚至在 2001 年與弟弟吳炳昌共同創立奇景光電，讓台灣擺脫技術追隨者的角色，開創新價值。

掌握產業發展新契機

吳炳昇原本在工研院電子所擔任 TFT-LCD 計畫主持人。當他看到全球 TFT-LCD 技術如一波波海浪席捲而來，台灣若不能乘浪而起，將會失去掌握這個百年難得一見產業的新契機。

TFT-LCD 是上下兩層玻璃基板中間夾著一層液晶，上層與彩色濾光片（color filter）貼合，下層則鑲嵌有電晶體。

1997 年 8 月 15 日，吳炳昇不畏亞洲金融風暴重創全球經濟，帶著資料走進台南仁德奇美實業總部，向創辦人許文龍簡報 TFT-LCD 產業發展概況與未來的前景，並建議他投資生產彩色濾光片廠。

許文龍向吳炳昇提出：「有人才嗎？」、「有市場嗎？」、「如果失敗，奇美實業會不會倒閉？」這三個問題。再加上彩色濾光片原料之一的光阻劑，與壓克力原料成分相同，許文龍認為這是奇美實業跨入電子業的最佳起點。

隔天，許文龍就答應這件投資案，成立奇美電子，正式跨足液晶顯示器領域，在南科投資兩百億元興建 3.5 代廠。1999 年底，奇美電子第一條生產線完工投產，開始生產 14.1 吋筆記型電腦面板。

吳炳昇從小自認不是很優秀，缺乏自信心，連上台講話都不敢。對於人生與未來，總是抱著隨遇而安、處之泰然的心態，並沒有太多事先規劃。

填大學志願，明明比較喜歡化工系，卻因家中長輩是電機系校友，而將電機系放在化工系前面；讀到大三時，因為要好的同學兼一起打撞球的球友林俊成想考研究所，吳炳昇決定跟著林俊成一起準備，沒想

到以正取第七名的佳績錄取。在成大電機從學士到博士，吳炳昇一讀就是九年。

遇見改變一生的恩師

考上電機所後，吳炳昇想了解研究生的日常，因此前往半導體實驗室請教學長。剛好張俊彥教授看到這個陌生人跑到實驗室內，於是叫住吳炳昇，問他要做什麼？

吳炳昇怯懦的說，自己是剛考上電機所的學生，想來看一下研究生要做什麼事。張俊彥比了比身邊的「真空管高周波產生器」說：「你把這個機器修一下。」

吳炳昇沒有遲疑，跑去找負責設備維護的技術員，要來設備使用手冊，照著指示進行維修，沒多久竟然就修好了。這讓張俊彥對吳炳昇印象深刻，往後實驗室設備只要有問題，不做第二人想，直接找吳炳昇維修。

對於能被老師重視與信賴，向來缺乏自信的吳炳昇，開始覺得有自信了。「這是過去從來沒有發生過的事，」由於張俊彥的鼓勵，徹底鼓舞了吳炳昇的自信心，凡事全力以赴，吳炳昇說因為「不能讓老師失望」。

在工研院，吳炳昇開啟了與 TFT- LCD 的緣分。圖為當年吳炳昇（後排右二）與工研院夥伴們合影。

回顧人生中的這段大改變，吳炳昇自豪的說：「張老師很嚴格、會罵人，但是求學期間，我從來沒有被他罵過。」在張俊彥的鼓勵下，吳炳昇開始磨練出自信，只要有半導體相關的問題，就主動看書學習，找尋解決問題的方法，因此在半導體領域打下厚實的基礎。

張俊彥不僅讓吳炳昇更有自信，還改變了他的生涯路徑。取得碩士學位後，工研院剛好在應徵國防役人員，吳炳昇錄取了。

張俊彥問吳炳昇：「你要結婚了嗎？還是急著要賺錢？」吳炳昇回答：「我沒有要結婚，家境也還可以，所以不急著賺錢。」於是張俊彥要他去讀博士班。吳炳昇心想：「既然老師叫我去讀博士班，那就去讀吧！」父母也同意，就這樣又繼續跟著張俊彥做研究。

沒想到，吳炳昇只用三年就拿到博士學位。當時，到學校教書，是許多博士畢業生的出路。服完兵役後，吳炳昇在中山大學擔任副教授，家人也覺得教書這個工作很不錯，但是只教了兩年，吳炳昇就覺得自己不適合。「十年、二十年後的自己，應該就是跟現在一樣，年復一年過著教書、做研究與指導研究生的生活，」然而，這並不是吳炳昇想要的。

進入工研院與 TFT- LCD 結緣

在張俊彥的引薦下，吳炳昇輾轉進入工研院。在這裡，吳炳昇開啟了與 TFT- LCD 的緣分。

當時工研院有著「台灣科技少林寺」的美名，許多科技產業都是從工研院獨立出來的。

吳炳昇回憶：「張老師叫我去找當時擔任工研院電子所示範工廠廠長暨技術開發組組長的曾繁城，但是他已經離開工研院成為台積電籌備

處處長。」雖然如此，曾繁城仍介紹他給電子所所長史欽泰，面試後順利進入工研院，不到一年時間，吳炳昇就當上 TFT- LCD 的計畫主持人。

在工研院六年，吳炳昇練就一身計劃提案、專利申請、簡報的好功力。當時技術問題全靠他自己摸索，在設備有限的情況下，做出台灣第一片 3 吋的 TFT-LCD。只是，這片面板要帶往台北參展時，「 卻忘記在公車上，遍尋不著，最後只能拿備用的上陣參展，」吳炳昇不好意思的說。

1990 年時，日本已開始投資 TFT-LCD 產業，台灣科技產業發展以電腦與半導體為主，對於 LCD 的投入還停留在黑白的 STN-LCD，運用在電子字典、行動電話與筆記型電腦上。

看到 TFT-LCD 的未來發展性，吳炳昇向工研院提出類似台積電的模式，獨立出來成立面板廠，以第二代的設備 10.4 吋面板為主。但蓋這個廠當時大概需要一百億元，因預算有限，計畫無法通過。

剛好，工研院在1992 年將研發成果技轉到元太，要成立面板生產線，於是吳炳昇就從工研院投身永豐餘集團轉投資的元太科技擔任廠長，並在 1995 年完成台灣第一條 2.5 代的面板生產線。

2.5 代的玻璃基板尺寸很小，只有 370×470 公釐，元太 2.5 代線生產

的第一個產品是 6.4 吋的 TFT-LCD，比市面上流行的 5.6 吋來得大，在市場上很搶手，主要用於車用電視、DVD Player 及小電視等。

建成南台灣第一座面板廠

當時，TFT-LCD 的良率很低，技術問題從研發到量產，全部都得靠

1997 年，奇美實業創辦人許文龍（前坐者）接受吳炳昇（後排左二）的投資建議，投入 TFT-LCD 產業，成立奇美電子。

自己摸索。然而，日本 NEC 鹿兒島的三代廠，一片基板竟能產出 6 片 12.1 吋面板，良率達到 60％。為此，吳炳昇特地前往日本參觀這座工廠。

TFT 面板成為主流已是不可抵擋的趨勢，但日本在泡沫經濟的衝擊下，無力再擴建新廠，此時韓國開始追趕，從日本邀請大量所謂的「假日工程師」，在假日到韓國教導 TFT-LCD 的技術，快速壯大 TFT-LCD 產業，成為日本最強勁的對手。

12.1 吋的 TFT 面板已成為筆記型電腦的主流，並且有往大尺寸發展的趨勢，再加上全球主要的筆電國際品牌，都集中在廣達、仁寶、英業達等生產，台灣已是筆電代工王國，吳炳昇看到整個零組件供應鏈缺少面板這一項，台灣很有機會。只不過，2.5 代的生產線並不適合筆電面板，且元太母公司永豐餘集團並沒有再繼續投資的打算。

吳炳昇認為台灣一定要發展 TFT-LCD 產業，只是 TFT-LCD 產線投資金額動輒百億元以上，一定要大型企業集團才有辦法支持。於是在香港美林證券工作的弟弟吳炳昌的協助下，吳炳昇前往中鋼進行投資簡介。

在中鋼決定做 LCD 相關產業投資前，奇美實業在尋找科技業的投資機會，經由當時奇美實業總經理何昭陽的弟弟何昭煌推介後，吳炳昇在奇美實業介紹 TFT-LCD 產業。沒想到，最後是奇美的許文龍接受

了他的建議，建成了南台灣第一座面板廠。

2000 年之後，韓國與台灣成為全球最大的面板供應國，日本已經不是台灣的競爭對手，而韓國對於成本控制能力很強，是值得台灣學習的對象。

看好 IC 設計產業至少有二十年發展榮景

此時在奇美電子擔任執行副總的吳炳昇，決定從關鍵零組件著手，一片面板光是材料成本就占六成，尤其彩色濾光片占比高達 25%，背光模組占 20%，驅動 IC 為 17%。他思索著，如果能提高自製的比率，除了控制成本，還能提高良率。

其中，驅動 IC 是向外採購，但吳炳昇認為，台灣半導體產業很強，於是就成立一個小小的部門，進行驅動 IC 的研發，並在 2001 年時從奇美電子獨立出來，成為奇景光電。

可惜受到全球金融海嘯的影響，以及美國對於台日韓面板廠提出違反托拉斯法的訴訟，奇美電子完全退出市場，吳炳昇在 2010 年回到奇景光電。奇景除了生產驅動 IC，同時也生產液晶覆矽（Liquid Crystal on Silicon, LCoS）背投影電視，由於投資成本較低廉，原本做為 60 吋以上的大尺寸電視之用。

2007 年，奇景光電台南總部落成，吳炳昇（左四）與同仁於尾牙同慶。

只是 TFT-LCD 技術發展快、價格降得也快，LCoS 的成本在電視市場沒有機會，奇景將 LCoS 做為手機內嵌式投影機，在印度市場大賣，在手機市場意外有所斬獲。

但平板電腦很快出現，看似不錯的機會又消失了。所幸沒有多久，擴增實境（AR）的運用又給了 LCoS 機會。搜尋引擎巨擘谷歌（Google）找上門，要用奇景的 LCoS 做智慧眼鏡；微軟（Microsoft）也找上門，要使用 LCoS 的微投影技術投入 AR 產品。

面對很多機會冒出後沒有多久又消失，幾次來回，吳炳昇仍堅信虛擬投影、AR ／ VR 的運用是未來技術，LCoS 產品的微投影技術，在未來二十年仍有相當大的發展空間。比方說，在當前熱門的車用市場，LCoS 可做為立體投影運用，將虛擬影像直接投影在車窗上，駕駛不用低頭查看資訊，能夠大幅降低分神的風險。

對於台灣科技產業的發展，吳炳昇認為，過去台灣產業投資主要是資本密集與勞力密集，未來應該以台灣現有的優勢產業為主，如 IC 設計產業。由於台灣的晶圓代工能力很強，電機相關人才取得較為容易，工程師素質又高，這一點與美國很像，語言溝通也沒有問題，全球主要的市場都能掌握，是未來值得發展的方向。

一輩子只關心如何把眼前的事做好

身為人類液晶革命的一員，在外界眼中，吳炳昇如同一位造局者；但他不改謙虛的表示，不敢說自己有多大的貢獻，但是看到由於自己的提案與投資建議，奇美電子為家鄉台南帶來人才與資金的湧入，並且創造許多就業機會，他很感謝許文龍，讓奇美電子成為創造台南甘蔗田奇蹟的一員，帶動台南發生前所未有的變化。

吳炳昇回憶，有一次許文龍看著南科裡一座座奇美的工廠，欣慰的說著，奇美電子三萬多名員工，不含周邊的零組件廠，以一家四口人計

算，成為十二萬多人的依靠。這改變了過去台南人找不到工作機會必須往北部發展的情況，就連外地人也可以在台南落地生根。

吳炳昇表示，張俊彥是開啟他人生自信的導師，至於許文龍，則是影響他價值觀的長輩。

跟在許文龍身邊做事，許文龍的全力授權，讓吳炳昇更有自信去做每一件事，例如與各校進行產學合作計畫，他自己決定即可，就連當年促成成大電機研發大樓「奇美樓」的捐贈，向許文龍報告時只說「企

張俊彥（立者左四）與許文龍（前坐者左），影響吳炳昇（立者右三）的一生際遇與價值觀。

對吳炳昇而言,只要盡力做好眼前的事,機會來了就能從容以對,走出自己的路。

業有發展,就要回報學校」,許文龍一口氣答應捐贈包括硬體設備、
獎學金、研究計畫經費與創投基金等高達六億元。

吳炳昇在事業有成後,也捐助成大興建電機三館,並且每年提供獎學
金與捐款給電機系友會,還與電機系所建立各種產學合作計畫。吳炳
昇說,贊助獎學金,個人就可以做到,但是產學合作,必須要企業支
持。由於產學合作有助發展新技術,學生一畢業就能成為企業的即戰
力,對企業發展也有很大幫助。

奇景光電是國內唯一將總部設在台南的 IC 設計公司，源於吳炳昇對家鄉的情感。雖然曾在新竹工作十年，但他還是習慣台南的一切，包括氣候、小吃，以及那是一座很適合騎單車的城市。

不像許多成功人士，對人生早早就有規劃與方向，吳炳昇強調，自己從來沒有規劃人生要如何走，無論在人生哪一個階段，他唯一關心的，就是如何把眼前的事做好。

尤其在快速變動的年代中，要做出所謂「最好的選擇」，往往很困難，唯一能做的，就是把眼前的事做好。吳炳昇認為，不論是做事或者做人的原則，只要盡力做好，機會來了就可以從容以對，走出屬於自己的路。

至於如何看待所謂「成功」？吳炳昇笑著說，成功這件事很難定義，不要為難自己，因為人很難做到百分之百的期許，在任何情況下都能怡然自得與快樂最重要。另外就是千萬不要公而忘私，一定要照顧好自己與家庭，對家人與後代有交代，對他來說，就算是人生最大的成功。

守護 ——

中華民國第十五任副總統 賴清德

行醫與從政，
都是為民服務

2020 年 1 月 11 日，尋求連任的總統蔡英文，以
817 萬票數勝出，創下我國自 1996 年開放總統
直選以來最高得票紀錄。

與她搭檔競選的，正是擁有醫學專業的賴清德。

從 1996 年當選第三屆國民大會代表至今，賴清
德二十多年來的從政之路，每一步都帶著「上
醫醫國」的情懷與實踐。

撰文／郭瓊俐　　攝影／羅挺倬
圖片提供／賴清德、總統府副總統辦公室

節氣即將來到處暑，午後的陽光照進總統府四樓的長廊，紅地毯上一路延伸的，是一道道高窗的長方形格影。縱橫筆直的線條，與賴清德務實且嚴謹的性格相互輝映。

2015 年 5 月，台南市出現當年的第一個登革熱病例，8 月疫情來到最高峰時，有公衛學者評估疫情會延燒至跨年，台南市可能會產生五萬個病例；結果一個半月後病例數急遽下降，大流行到 11 月就結束。當時擔任台南市市長的，就是賴清德。由於這次抗疫，從市長到里長，從學界到居民，上下一心，全體總動員，並且成立專家諮詢會議，提供治療與防疫對策，累積了豐富的經驗與有效的做法，在此基礎上，2016 年及 2017 年，台南市皆創下本土型登革熱零病例的成績。

賴清德在台南市的政績有目共睹，深得民心，有些人甚至以為他是台南人。很難想像，1986 年到成大念書以前，賴清德從未到過台南。其實他出生在新北市萬里區。1975 年，他考上第一志願，成為萬里國中有史以來，第一個進入台北市立建國高級中學就讀的學生。

當一名好醫生，是母親的期待

當一名醫生，是母親對賴清德的期待。建中畢業後，他的求學歷程從台大復健醫學系到成大醫學系（當時為成大後醫學系），都是為了走在醫學的道路上。從醫，是眼前理所當然的人生軌道。

賴清德是新北市萬里區萬里國中有史以來,第一個進入
台北市立建國高級中學就讀的學生。

賴清德結婚後,就讀成大後醫學系,大兒子已出生,為了養家,他白
天上課、晚上兼差擔任復健師,每週一到週六,晚上七點到九點半上
班,回家立刻讀書,晚上十二點睡覺,早上六點起床。「白天上課,
晚上上班」的生活,他從不喊苦,也維持課業水準。多年下來,養成
了他高度的自律和鐵人般的體力。

賴清德的形象既有親和力,也有一絲不苟的嚴謹態度,他比較關注如

何解決問題、如何擘劃未來，較少談及個人的生活面。這一次，他難得提起當年在台南的生活。

成大醫學院附近的「老友小吃」，菜色豐富又平價美味，尤其水餃最讓他難以忘懷。此外，擔任住院醫師期間，只要是值班的夜晚，他都會和同事輪流去勝利路、育樂街口的酥烤蔥餅店買蔥餅；那家店一天有好幾個出爐時間，其中一次是在清晨三、四點，那時剛好是值班忙到一個段落，下一個階段的忙碌尚未開始，中間約有一小時的空檔可

當一名好醫生，是母親賴童好（左）對賴清德（右）的期待。

以稍微休息吃些點心，蔥餅那又香又熱的滋味，至今還留在他的味蕾記憶裡。

人生的重要理念：人權、人本、人性

受當時成大校長夏漢民力邀，從美國回台籌設醫學院的創院院長黃崑巖教授，影響他至深。黃崑巖有一句座右銘：「成為良醫之前，先做成功的人。」

賴清德從黃崑巖身上，得到人生的三個重要理念：一，人權，不分貧富貴賤種族都有健康權，醫師要盡可能去幫助病人。二，人本，醫師看病不能只看檢驗報告或數據，也不該只看病徵，而是要看病人整體的情形，「以人為本才是醫師，否則就淪為醫匠。」三，人性，病人有權利也有不同的需要，醫師要盡可能解決他們的需求。

在成大十年時間，接受了人文關懷的薰陶和實證科學的訓練，讓他既有醫者的使命感，也有解決問題的務實態度。

賴清德曾在成大醫院、新樓醫院服務，他在後醫學系的同學和學弟妹，在台南醫界都很有名氣，例如現任成大醫學院院長沈延盛是他的學弟，很多系友在台南奇美醫院、新樓醫院、部立台南醫院、郭綜合醫院、市立台南醫院與安南醫院，都擔任科主任或院長。但他卻從一

個口碑很好的腎臟內科醫師，在台灣面臨大時代的轉變下，因為對國家社會的熱情，人生轉了一個大彎，投入政治工作。

台南市被稱為「民主聖地」，孕育出許多民主先鋒。賴清德就讀成大時，正是台灣解嚴後各種民主與社會改革運動蓬勃發展的時期。忙於課業的他，當時完全沒有參與政治的想法，過去他會看民主運動前輩賴和、蔣渭水等人的書，偶爾也會去聽當時的黨外大老演講，和政治的關係僅止於「關心與支持台灣民主運動」。

但是，他優秀的條件，還是讓政治找上了他，而他內心蘊藏對這片土地和國家社會的熱情，就這樣被觸動了。

一生選擇一個讓血會熱的工作來做

1994 年台灣進行史上第一次省長選舉，民進黨提名陳定南參選。在台南市參與黨外運動多年、已是民進黨大老的黃先柱，透過醫界推薦，找到賴清德幫陳定南助選。賴清德當時是成大醫院總醫師，人緣很好，還擔任醫院合作社理事主席。基於「為民主盡一分心力」的心情，賴清德接下陳定南「台南中西區醫師後援會會長」的職務，為陳定南輔選。

賴清德演講的功力和吸引群眾的魅力，讓民進黨相中這位青年才俊，

積極鼓勵他參選。當時他一心只想當個好醫師，婉拒了邀約。

不過，1995 年 6 月，前總統李登輝到美國康乃爾大學演講，中國大陸開始持續對台灣周邊海域發射飛彈及大規模軍事演習，意圖干涉 1996 年的總統大選。「九六台海危機」促使賴清德展開行動，基於對國家的愛與使命感，讓他決定「一生選擇一個讓血會熱的工作來做」，參選並高票當選國大代表。

謹記恩師黃建鐘（成大醫院腎臟內科創科主任）的告誡，「從政跟行醫，只能二選一」，1998 年賴清德高票當選立法委員後，辭去醫師工作，專心從政。

黃建鐘和成大醫院外科主任、後來擔任醫院院長的林炳文醫師，都是賴清德放在心上的兩位恩師。雖然內、外科別不同，但他們對病人的救治都非常負責任，他在恩師們身上學到的，就是誠實面對病人的病情，醫師也是人，也有人性弱點，有時可能主觀認為病人的病情沒那麼嚴重，因此要謹記，即使病人一時好轉，不能因此評估他會康復；病情變壞了，也不能放棄對他們的治療。除了誠實面對病情，還要務實擬定醫療方案，一旦擬定方案後就要踏實執行。

行醫如此，從政，也是如此。他連任四屆立委，專業問政與扎實服務，讓他在公民團體對國會的評鑑中，迭獲「問政表現第一名」的佳績。他也利用立法院每年休會期間，到美國哈佛大學進修，取得哈

賴清德（左）任職台南市市長時，與甘惠忠神父（右）合影。

佛大學公共衛生碩士學位，成為台灣少見兼具第三醫學復健、第二醫學醫療和第一醫學公共衛生專長的醫師。

創下解嚴後縣市首長選舉最高得票率紀錄

2010年，賴清德當選台南縣市合併升格直轄市的第一任市長，清廉勤政和高效率的施政形象，締造出為人稱道的「台南新政」；2014年，更以台南選舉史上最高得票率72.9％連任台南市市長，創下台灣解嚴

後縣市首長選舉的最高得票率紀錄。

決定參選市長之前，賴清德曾於 2009 年前往台南學甲伯利恆文教基金會，拜訪半生都獻給台灣的美籍神父甘惠忠。甘神父提到自己有三個心願，其中一個是填平基金會附設幼兒園旁的十米深大洞，那是落跑建商留下的，每逢大雨便成大水窟，總讓他提心吊膽。

賴清德向甘神父表示，「三件事我都盡量幫你完成。」沒想到甘惠忠卻說：「很多人都這樣跟我講，可是都沒有用。」賴清德上任後，找來當時擔任市府祕書長的陳美伶，發現這個大洞牽涉到建商、合建地主、建築執照還在效期內的複雜問題。學法律的陳美伶提出作廢建築執照的對策，但是建商可能會來告市政府；賴清德勇於承擔，採行了陳美伶的建議。後來，不僅建商沒有來告，地主自己也買來土方，甘神父心上的這個大洞，如願的填平了。

2017 年 7 月 1 日，高齡八十一歲的甘惠忠，從時任行政院院長林全手中拿到身分證，大聲喊出「台灣萬歲！」成為《國籍法》修正後第一位取得我國身分證的外籍人士。後來，許多為台灣奉獻大半輩子的神職人員，都能循此模式成為國民，也是緣起於賴清德推動修改《國籍法》，實踐了對甘神父的另一個諾言。還有一件事，賴清德在競選連任台南市市長時，說服要以資金支持他的企業家，先保留款項，等他競選成功後，再將要資助他的金額，連同賴清德自己的選舉補助款，一起捐給伯利恆，讓甘神父蓋早療中心。

甘惠忠的三個願望，賴清德都為他實現了。

除了問政表現獲得市民高度肯定，在全國縣市長施政滿意度調查中屢屢奪冠，賴清德在市長任內積極推動城市外交，密切和各國政府、國會及民間交流，更和全球各城市締結姊妹市或友誼市，進行密集的文化、觀光、體育、農業交流，成為台灣地方首長推動「城市外交」的先鋒，也透過台南市在國際上的活躍表現，將台灣介紹給全世界。

成為台灣重量級政治人物之後，賴清德在國際上的知名度也愈來愈高。2014 年，賴清德訪問美國華府，與國務院及國安會負責亞太事務官員進行專題會談，也在著名智庫「史汀生中心」和「2049 計畫研究所」發表英文專題演說。2016 年，賴清德應以色列政府邀請參加「全球市長會議」，是當年唯一來自亞洲城市的市長。次年，賴清德再度訪問華府，與華府著名智庫的專家針對印太情勢、美中關係，以及美國退出跨太平洋夥伴協定（TPP）後的國際經貿建制，進行深入討論。

成為守護台灣社會的力量

2017 年，賴清德銜命接任行政院院長，籌組「做實事」內閣，積極解決台灣產業界當時面臨缺電、缺水、缺地、缺人與缺工的「五缺」問題。他也擘劃「文化台灣、綠能矽島、智慧國家、公義社會、幸福

2020 年 2 月，賴清德（右二）會晤美國參議院外交委員會主席里契（左二）、首席議員梅南德茲（右一）與參院外委會亞太小組主席賈德納（左一）。

家園」五大施政目標，按部就班具體踏實執行，希望讓台灣得以永續發展，讓代代子孫可以在這塊土地上安身立命。

賴清德上任後，曾於 2017 年 12 月親自主持記者會，以即席演講的方式，在沒有準備任何講稿與資料的前提下，說明必須即刻修改《勞基法》的理由。他之所以如此關心《勞基法》的修正，源於擔任台南市市長時，接地氣的觀察與善於傾聽民眾心聲。

有一天，他到醫院探望朋友，有一處大排長龍引起了他的注意。原來

一例一休實施後，醫院人力不足，需要抽血檢驗的民眾，只能在少數的特定時段前來抽血，空腹八小時的不適再加上久候，病人及家屬都感到不耐，以致混亂不堪。還有一次參加一場告別式，有一群人看到

從醫師到副總統，對賴清德而言，出發點都是相同的，那就是成為守護台灣社會的力量。

他就走過來說：「市長，我們現在都不能加班。」原因也是出在一例一休。

次年 1 月，立法院三讀通過《勞基法》再修正案。雖然未能完全按行政院版修法，但是諸如鬆綁七休一規定、休息日加班工時核實計算等措施，已讓勞工有感，並兼顧產業界的需要。

2019 年 11 月，時值中國對香港強加《國家安全法》等壓制手段、引發香港反送中運動的局勢動盪中，賴清德接受蔡英文總統的邀請，搭檔參選正副總統選舉，站在鞏固台灣民主體制的前線，走遍全國各地輔選。次年 1 月，「英德配」贏得歷史性的 817 萬票，蔡英文總統連任成功，賴清德成為中華民國第十五任副總統。

2020 年 2 月，賴清德受邀出席華府第六十八屆國家祈禱早餐會，這是美國與我國斷交四十一年來，我方出席的層級最高人士，開啟雙方外交新頁，也是台美關係邁向巔峰的前奏曲。

從醫師到立委，再從立委到市長，而後成為行政院院長，又當上副總統，行醫與從政雖是兩條路，但對賴清德而言，出發點都是相同的，那就是成為守護台灣社會的力量。

藏行顯光 ——

國立成功大學校長 蘇慧貞

堅守承諾，耕耘實踐

2021 年 10 月 22 日，總統蔡英文親臨見證「台南兩個全國第一」的誕生，分別是第一家高齡者專屬醫院 —— 成大老人醫院的動土典禮，以及第一所半導體學院 —— 成大「智慧半導體及永續製造學院」正式揭牌成立。

近年來，成大的觸角伸向各領域，展現大學參與社會、改變社會、轉動社會的承擔與能量，為台灣的未來打下重要的基礎。

這都有賴成大創校以來第一位女性校長 —— 蘇慧貞與其所帶領的團隊戮力推動的成果。

撰文／吳秀樺
圖片提供／國立成功大學

走進成大校長辦公室裡，目光自然投向主牆面上的巨幅畫作。畫面中海天相接，白浪如練，彷彿還伴隨著充滿活力的海濤聲。

這幅畫由畫家郭為美繪製，在蘇慧貞校長上任後贈予成大。郭為美的父親，即是曾於成大建築學系任教，更是在台灣美術史中占有重要地位的台南前輩畫家郭柏川。

「為什麼是海呢？」原來，贈畫者有心，畫作的主題就是為蘇慧貞而設的。「郭為美老師覺得我一直有個大的世界在心中，同時，我也從自己的心中看見海的力量——在波濤洶湧中，為了恢復安定的載動所需要的力量——無論是流動活潑的力量，抑或是穩定沉靜的力量，」蘇慧貞說。

「另一方面，海洋和地球上所有的陸地相連，是必要的交通，代表著人類世界的溝通因此而發生，」蘇慧貞話鋒一轉：「我們一直很驕傲，四百年前，台南是台灣第一個連結世界的城市的；四百年後的今天，台灣透過台南又看見了什麼？或者應該這麼自問：台灣是否仍舊持續透過台南看見了什麼？而做為一所有歷史重量的大學，更需要常常有這樣的省思——由我們來看見的是什麼？由我們來啟動的又是什麼？」

事實上，成功大學自 1931 年創立以來，就一路懷抱著這樣的責任與理想，在 2021 年邁入九十週年之際，全校師生共同提出「藏行顯光，

成就共好」的宣告，正是體現了這所學校心之所繫的價值與想望。

關鍵時刻，挺身而出

所謂「藏行」，指的是修己之道，專注本分，不鋒芒畢露；「顯光」則是成人之美，點燃心中的蠟燭，在黑暗時刻共創光明。

「樸實無華，不鋒芒畢露，是九十年來一代代成大人的共同特質，」而所謂「顯光」，是指成大培育出的二十萬校友，以所屬時代的不同特性和需要，「在世界各領域不同的時間軌跡上，描繪出無比廣闊的影像，」蘇慧貞語帶驕傲的說。

「更重要的是，我們在一代代的成大人身上，還看見一種在關鍵時刻挺身而出，勇於承擔，共同創造、與夥伴一起前進的精神，」蘇慧貞說，也因此，成就共好，不只是成大人九十年來堅守的核心價值，透過近年來的諸多實踐，各界更真實的感受到，成大人勇於面對社會的需要，樂於承擔與世界共好的責任。

也正是因為這些思考，成功大學成為台灣第一所將永續發展目標（Sustainable Development Goals, SDGs）納入校務發展計畫的大學，希望能以一個具有普世價值、全球願景的共通語言，不僅與全球各大學開展對話，更在一個具有共榮共好目標的平台上深度貢獻。

面對未來的挑戰，成大人承諾，不會獨善其身，而是與同伴攜手並進，共創美好未來。

2015 年，台南市爆發世紀以來首見的登革熱疫情，感染人數超過兩萬兩千餘名，蘇慧貞主動聯絡時任台南市市長的賴清德，偕同校內相關人員參與市政府防疫會議、出席中央疫情指揮中心會報，同時協助打造預測登革熱疫情的巨量資料平台，協助研判疫情發展與制訂防疫方針，並肩打贏這場硬仗。

2016 年 2 月 6 日，農曆除夕前一天，凌晨一場規模 6.4 的強震，導致台南維冠大樓轟然倒塌。第一時間，蘇慧貞和學校多位主管衝回校內，即刻展開各項危機處理，除了檢視校園安全，她主動建立與台南市政府的協作，結合成大醫學中心提供各種軟硬體設備與人力支援，展現成大人在危急時刻與城市和居民同在的信念與行動。

2020 年初，台灣出現新冠肺炎首起境外移入確診病例，成大率全國之先，主動果斷宣布延後兩週開學，其後各大學陸續跟進；更以兩週時間，組織一個跨醫學、建築、工程領域，結合成大醫院、規劃與設計學院、傑出校友所主持的建築師事務所等的共創團隊，聯手打造從檢疫站到緊急醫院俱全的「移動式緊急部署檢疫醫院原型 QurE」，並在同年 4 月，以 1：1 實體尺寸向全球發表，而 QurE 原型屋從設計概念到實體建造的所有研發設計過程，也都在網站公開，提供全球免費下載。

每個生命都是平等的

之所以如此重視「成就共好」，與蘇慧貞的公共衛生專業背景有很深的關係。「對於從事公共衛生研究和教學的人而言，每個生命都是平等的，」她表示，這是公共衛生領域實踐的極致，也是唯一使命。

2018 年 6 月，國際科研界最重要的期刊《自然》（*Nature*）點名十位東亞科學明星，其中有兩位來自台灣，蘇慧貞是其一。

文章標題稱蘇慧貞為「空氣把關者」（air warden），是處理台灣室內空氣汙染的專家。她在該文章的採訪中強調自己的核心價值及原則：「一個致力於公眾健康的人，應該始終秉持關懷弱勢族群需求的心，以善盡社會責任。」

「願意努力去看見弱勢的需求」，始終是蘇慧貞念茲在茲的信念，也是支持她在取得美國哈佛大學公衛學院環境衛生科學博士學位後，返國進入成大，前後擔任工業衛生學科暨環境醫學研究所所長、成大醫學院副院長、國際事務長，2011 年擔任副校長，2015 年起就任成大校長及財團法人高等教育國際合作基金會董事長迄今，一路走來，心中不滅的火種。

這個火苗，也照亮了蘇慧貞對高等教育的期待與願景。她始終認為，高等教育是打造公民社會工程的關鍵，在就職演說中，她清晰而深刻

的指出：「成功大學的豐厚基礎，讓我們有能力在承擔社會責任的感動中，完成高等教育的實踐。」要成為一所有能力承擔社會責任的大學，要培育學生成為有能力承擔社會責任的跨世代人才，成功大學的取徑起點，是回歸土地、回望歷史、回到大學所在的城市——台南。

在世界的圖譜，錨定新座標和新角色

2017 年 9 月，成大創全國大學之先，開設一門大一新生必修的「踏溯台南」課程，帶領學生走出教室，實地體認台南在地鄉土、了解歷史演變及人文采風。

籌劃期間，蘇慧貞不但親自參與，自開課以來，她不時還會抽空隨課，與年輕學子一起學習。其中有一次在心得分享時，看到戴著耳環、裝扮新潮的男同學，真摯、充滿熱情、卻也語帶激動的報告，他在走訪部落、感受著老日漸凋零、文化必須傳承的使命感之後，公開宣示：「校長，妳等我回來，我會讓家園永續。」

為了增加跨域溝通與理解，在課程的設計上，蘇慧貞也特別要求「每一分組大約二十名同學，而且希望全部來自不同系所，如此便彷彿置身在一個小社會、小聯合國，自然必須去認識其他系所背景同學的特質、興趣與思考邏輯，」她強調，對年輕世代而言，這是最迫切且必要的認知，也就能對教育與社會連結都能產生深刻的意義。

成功大學的豐厚基礎，使其有能力承擔社會責任，完成高等教育的實踐。

「只有深刻的腳踏土地，看見歷史，才能夠更有信心悠遊在一個無邊界的國際，也才能夠更有信心擁抱一個不可知的未來，」蘇慧貞對於成大人寄予無限期許。

九十年來，成大人不斷的讓城市感動、讓國家驕傲；蘇慧貞很有信心，一代代的成大人將錨定新座標、新角色，彰顯台灣的價值，在世界的圖譜上，讓夥伴敬重，有能力在變動中讓台灣光榮、共同耕耘更具韌性的未來。

社會人文 BGB515

成為世界相信的力量

作者——吳錦勳、錢麗安、吳秀樺、郭瓊俐、傅瑋瓊、邵冰如

客座總編輯——蘇慧貞
專案總策劃——吳秉聲
專案執行策劃——郭美芳、蔡侑樺、林依蓁

企劃出版部總編輯——李桂芬
主編——李偉麟
責任編輯——劉瑋、李美貞
封面及內頁設計——陳亭羽
設計協力及內頁排版——劉雅文
攝影——羅挺倬、林衍億、張智傑、郭永強（香港）
圖片提供——高而潘（P.9、10、15、16、18）、張瑞欽／華立集團（P.27、28、31）、吳澄清／台灣石化合成（P.43）、鄭崇華／台達電子（P.50、53、57、58、61、62）、殷允芃／《天下雜誌》（P.69、71、72、77、80）、董橋（P.86、88）、魏幸雄／華經資訊（P.103、106、109、111、112）、歐晉德（P.119、121、122、125、127）、吳敏求／旺宏電子（P.133、134、136、138、141、145、146）、吳炎村／若瑟醫院（P.153、154、157）、黃偉祥／大聯大控股（P.162、165、171、173、174）、吳炳昇／奇景光電（P.181、184、187、189）、賴清德／總統府副總統辦公室（P.195、196、200、203）、國立成功大學（P.206、213）
P.213 之後兩頁為國立成功大學榕園照片，遠見創意製作提供

出版者——遠見天下文化出版股份有限公司
創辦人——高希均、王力行
遠見・天下文化 事業群董事長——高希均
事業群發行人／CEO——王力行
天下文化社長——林天來
天下文化總經理——林芳燕
國際事務開發部兼版權中心總監——潘欣
法律顧問——理律法律事務所陳長文律師
著作權顧問——魏啟翔律師
社址——臺北市 104 松江路 93 巷 1 號
讀者服務專線——02-2662-0012｜傳真——02-2662-0007；02-2662-0009
電子郵件信箱——cwpc@cwgv.com.tw
直接郵撥帳號——1326703-6 號　遠見天下文化出版股份有限公司

製版廠——中原造像股份有限公司
印刷廠——中原造像股份有限公司
裝訂廠——中原造像股份有限公司
登記證——局版台業字第 2517 號
總經銷——大和書報圖書股份有限公司｜電話——02-8990-2588
出版日期——2021 年 11 月 5 日第一版第一次印行

定價——NT450 元
ISBN——978-986-525-360-8　｜ EISBN － 9789865253585（EPUB）；9789865253578（PDF）
書號——BGB515
天下文化官網——bookzone.cwgv.com.tw

國家圖書館出版品預行編目 (CIP) 資料

成為世界相信的力量／吳錦勳，錢麗安，吳
秀樺，郭瓊俐，傅瑋瓊，邵冰如作. -- 第一版.
-- 臺北市：遠見天下文化出版股份有限公司，
2021.11
　面；　公分 . -- (社會人文；BGB515)
ISBN 978-986-525-360-8(平裝)

1. 臺灣傳記

783.31　　　　　　　　　110017565

天下文化
BELIEVE IN READING